CLASE DE MÚSICA

CLASE DE MÚSICA

Autora: Matilde Martínez Sallés
Coordinación editorial y redacción: Emilia Conejo
Diseño: Oscar García Ortega
Maquetación: Impderedigit
Ilustraciones: Enric Font

Fotografía de cubierta: Jesús Arias/Dreamstime
Fotografías: pág. 8 Fotos International-KPA-ZUMA/Album; pág. 10 Michelle Marsan/Dreamstime, Nyul/Dreamstime; pág. 18 coveralia.com; pág. 28 alter-latina.com; pág. 40 rssbarcelona.com; pág. 50 Getty Images; pág. 52 Richard Gunion/Dreamstime, patriciawla1/Flickr, phylevn/Flickr, Tiziano Casalta/Dreamstime, Mikael Damkier/Dreamstime, Gustavo Alfredo Schaufelberger Pirron/Dreamstime; pág. 61 analaan.com; pág. 73 Estudios La Luna; pág. 81 Miguel Ángel Chazo; pág. 91 Frank Kalero; pág. 100 Marcela Ferrari; pág. 110 ealcina.blogspot.com; pág. 119 Carrrienelson1/Dreamstime.

Todas las fotografías de www.flickr.com están sujetas a una licencia de Creative Commons (Reconocimiento 2.0 y 3.0).

© La autora y Difusión, Centro de Investigación y Publicaciones de Idiomas, S.L., Barcelona 2012
ISBN: 978-84-8443-753-6
Depósito legal: B-10.536-2012
Impreso en España por Novoprint

difusión
Centro de Investigación y Publicaciones de Idiomas, S. L.

C/ Trafalgar, 10, entlo. 1ª
08010 Barcelona
Tel. (+34) 93 268 03 00
Fax (+34) 93 310 33 40
editorial@difusion.com

www.difusion.com

ÍNDICE

PRÓLOGO

TRABAJAR CON CANCIONES EN CLASE DE ELE

Las canciones son documentos culturales, lingüísticos y artísticos. Por todo ello constituyen un poderoso recurso para la enseñanza y el aprendizaje de una lengua extranjera. Veamos algunas razones concretas para recomendar su utilización en el aula:

En primer lugar, las canciones son productos textuales engarzados en una melodía, una armonía y un ritmo, es decir, en música, y apelan por lo tanto directamente a nuestras emociones y nuestro goce estético. Esto revierte positivamente en la motivación, fundamental para que se dé un el aprendizaje significativo y duradero. Así pues, las canciones tienen la capacidad de sumergir al aprendiente de una lengua extranjera en la cultura y la lengua que está aprendiendo. En segundo lugar, las canciones son productos culturales, manifestaciones de la cultura en la que han sido creadas. Esto permite al oyente no nativo asomarse a esta a través de las referencias culturales –implícitas o explícitas– que abundan en los temas musicales. Por ello, son una herramienta muy potente para el desarrollo de la consciencia intercultural, ya que tienden puentes entre las dos culturas e invitan a la reflexión acerca de los elementos comunes a ambas.

En cuanto a los objetivos lingüísticos y comunicativos que se plantean en toda clase de lengua extranjera, no cabe duda de las ventajas que las canciones ofrecen para la práctica de la comprensión auditiva, el aprendizaje de léxico o la pronunciación, por ejemplo.

¿CÓMO ESCOGER LAS CANCIONES ADECUADAS?

La elección de las canciones adecuadas depende fundamentalmente de tres factores fundamentales: el nivel de lengua de los alumnos, sus características como grupo (edad e intereses) y los objetivos lingüísticos y/o culturales que se pretende alcanzar con ellas.

¿CÓMO TRABAJAR CON CANCIONES?

Hay muchas maneras de trabajar con canciones. Se pueden escuchar al inicio de una clase o de una unidad para suscitar el interés de los alumnos sobre el tema de la misma; se pueden escuchar al final, a modo de colofón; se puede llevar a cabo un trabajo detallado sobre algunos aspectos lingüísticos o culturales destacables; se pueden trabajar de forma global, atendiendo solamente a las sensaciones que produce la música y a la valoración sobre el mensaje general de la canción, etc. Pero sea cual sea la forma escogida, si se desea trabajar en profundidad con una canción es recomendable respetar tres fases que resultan de la dinámica inherente al propio proceso de comprensión auditiva:

1. Actividades previas a la escucha para activar en los alumnos los conocimientos que puedan tener sobre el tema y activar las estrategias de comprensión auditiva.

2. Actividades para realizar mientras se escucha la canción, para fomentar una escucha activa, selectiva o global según los objetivos perseguidos.

3. Actividades para realizar después de escuchar la canción, que permiten profundizar y ampliar algunos aspectos relevantes de la misma.

¿CÓMO Y DÓNDE ENCONTRAR LAS CANCIONES?

Los temas propuestos en este libro se pueden comprar o escuchar en *streaming*. Para comprarlas, existen tiendas digitales como iTunes que dan la posibilidad de adquirir los temas sueltos, sin necesidad de comprar el disco entero. Para escucharlas sin comprar, se pueden consultar diferentes sitios web. Señalamos algunos:

- MySpace de cada artista

- Página web oficial de cada artista

- Youtube

- Spotify

Sea cual sea la opción elegida, no olvidemos que detrás de una canción hay un equipo de creadores y muchas horas de trabajo. Por ello tenemos la convicción de que hay que ser profundamente respetuosos con los derechos de la propiedad intelectual.

En Clase de música hemos querido ofrecer un repertorio de canciones variado en cuanto a los géneros que representan, los artistas, los temas de sus letras y el nivel de los alumnos que van a trabajar con ellas. Nuestra selección es solo una muestra de la numerosas posibilidades que ofrece el trabajo con música en clase de ELE.

CORRESPONDENCIA DE NIVELES, DESTREZAS, CONTENIDOS

Unidad	Nivel MCER	Actividades comunicativas de la lengua	Léxico	
01 De amor y casualidad Jorge Drexler. **Canción de autor moderna.**	A1	Comprensión auditiva, comprensión de lectura, interacción oral, expresión oral, expresión escrita, mediación.	La familia. Países, ciudades y nacionalidades.	
02 Borriquito Peret. **Rumba catalana.**	A1	Comprensión auditiva, comprensión de lectura, interacción oral, expresión oral, expresión escrita, mediación.	Algunos animales. Adjetivos para describir el carácter.	
03 Gracias a la vida Violeta Parra. **Canción de autor.**	A2	Comprensión auditiva, comprensión de lectura, interacción oral, expresión oral, expresión escrita, mediación.	Lenguaje metafórico Algunas emociones. Algunas partes del cuerpo.	
04 Entre tu balcón y mi ventana Toni Zenet. **Bolero.**	A2	Comprensión auditiva, comprensión de lectura, interacción oral, expresión oral, expresión escrita, mediación.	La calle. Las casas. Las relaciones amorosas.	
05 La cumbia del mole Lila Downes. **Músicas del mundo.**	A2	Comprensión auditiva, comprensión de lectura, interacción oral, expresión oral, expresión escrita, mediación.	Alimentos. Cocina y gastronomía. Costumbres populares.	
06 Para el dolor Ana Laan. **Pop electrónico.**	B1	Comprensión auditiva, comprensión de lectura, interacción oral, expresión oral, expresión escrita.	Dolores y enfermedades. Remedios caseros. Partes del cuerpo. Plantas medicinales. Sentimientos.	
07 Sale el sol Shakira. **Pop-rock latino.**	B1	Comprensión auditiva, comprensión de lectura, interacción oral, expresión oral, expresión escrita, mediación.	Emociones y sentimientos. El tiempo. Algunos dichos y refranes.	
08 El kitapena Manu Chao.. **Música mestiza.**	B1	Comprensión auditiva, comprensión de lectura, interacción oral, expresión oral, expresión escrita.	Palabras compuestas.	
09 Déjame entrar Carlos Vives. **Vallenato.**	B1	Comprensión auditiva, comprensión de lectura, interacción oral, expresión oral, expresión escrita.	Sensaciones. Relaciones amorosas. Adjetivos para describir el carácter.	
10 Interpretación Marcela Ferrari. **Tango-canción.**	B2	Comprensión auditiva, comprensión de lectura, interacción oral, expresión oral, expresión escrita, mediación.	Léxico cotidiano en España y Argentina.	
11 De Málaga, malagueñito Javier Ruibal. **Canción de autor - Flamenco.**	B2	Comprensión auditiva, comprensión de lectura, interacción oral, expresión oral, expresión escrita, mediación.	Los aumentativos. Los gentilicios en **-eño**. Expresiones y frases hechas.	
12 Latinoamérica Calle 13. **Rap.**	C1	Comprensión auditiva, comprensión de lectura, interacción oral, depresión oral, expresión escrita, mediación.	Geografía. Historia. Economía. Política. Gastronomía. Cultura. Literatura.	

Funciones	Gramática	Contenidos socioculturales
Preguntar y contestar por información personal. Describir una familia. Hablar de gustos. Explicar la causa de algo.	Adjetivos de nacionalidad. Verbos que rigen una preposición.	La canción de autor moderna. Algunos datos de la cultura y la historia judías.
Describir el carácter de una persona. Hablar de los datos básicos de una persona. Hablar de uno mismo.	Repaso del presente de indicativo. Verbos irregulares en presente de indicativo. Las vocales.	La rumba catalana. Características que se asocian a los animales en las diferentes culturas.
Dar las gracias por algo. Expresar causa y finalidad. Expresar gustos. Interpretar lenguaje metafórico. Justificar una elección. Explicar de qué trata una canción.	Repaso de los presentes y pasados del indicativo. Repaso del gerundio.	Violeta Parra. La canción de autor.
Describir a una persona. Contar una historia. Escribir un diario.	Marcadores de lugar. Oraciones subordinadas temporales con **cuando** + presente de indicativo. Uso de los pasados.	El bolero
Describir hechos. Dar una receta. Hablar de los ingredientes de un plato. Expresar gustos. Hacer afirmaciones generales.	El diminutivo. Los verbos con irregularidad vocálica. Formas de expresar la impersonalidad.	México. Lila Downs. Las músicas del mundo. El mole. Costumbres y tradiciones mexicanas. Lenguas amerindias. Valores del diminutivo.
Hacer recomendaciones. Presentar una canción.	Uso del indicativo y el subjuntivo en oraciones de relativo. La tilde diacrítica.	El pop electrónico. Remedios caseros.
Expresar emociones. Narrar en el pasado. Valorar una canción. Presentar a un músico.		El pop-rock latino. Fraseología en español. Shakira.
Detectar problemas. Proponer soluciones. Aconsejar. Definir una palabra.	Derivación. Usos del gerundio. Preposición + pronombre	La música mestiza. Tradiciones de Guatemala (los quitapenas). Escribir con k como símbolo de rebeldía juvenil.
Escribir la biografía de una persona. Expresar matices afectivos con un adjetivo. Enfatizar un elemento de una frase.	Reglas de acentuación. Preposiciones. Verbos que rigen una preposición. **cuando** + indicativo o subjuntivo.	Colombia. El vallenato. Gabriel García Márquez. Ritmos latinos.
Describir a una mujer de forma poética. Expresar preferencias y justificarlas. Expresar sentimientos por escrito. Discutir sobre un tema.	Diferencias entre el imperativo en Argentina y España.	Argentina. El tango. Algunas diferencias entre el español de España y el de Argentina.
Describir metafóricamente un país. Definir. Comparar textos resaltando sus diferencias y semejanzas. Hablar sobre hechos históricos o actuales.	Usos del subjuntivo en oraciones concesivas (**aunque**) y relativas. Reduplicación del CD.	Picasso. El flamenco.
Comprender instrucciones.		El rap. El continente latinoamericano. Algunos escritores latinoamericanos Mercedes Sosa.

DE AMOR Y DE CASUALIDAD

Autor: Jorge Drexler

País: Uruguay

Año: 1998

Álbum: *Llueve*

Discográfica: Virgin Records

Género: canción de autor moderna

Nivel: A1

Jorge Drexler

Es uno de los cantantes y compositores más prolíficos del mundo hispano. Nació en Montevideo (Uruguay). Allí estudió piano y medicina. Grabó su primer disco, *La luz que sabe robar*, en 1992. Desde entonces ha recibido muchos premios, entre ellos, el año 2005, el Óscar a la mejor canción por "Al otro lado del río", de la banda sonora de la película *Diarios de motocicleta*, sobre una etapa de la vida del Che Guevara. Fue la primera canción en español que ganó un Óscar.
La instrumentación y los arreglos de sus canciones son muy elegantes y las letras muy poéticas. Ha compuesto también para muchos artistas como Joaquín Sabina, Ana Belén, Pablo Milanés, Ana Torroja, Ketama, Miguel Ríos y David Broza, entre otros. En 2010 publicó su disco n° 12, *Amar la trama*.

La canción de autor moderna

La canción de autor es el género musical que practican los cantautores, artistas que componen la música y la letra de los temas que interpretan. Las letras pueden tratar sobre temas sociales, filosóficos, políticos, personales o amorosos. La palabra "cantautor" está muy relacionada con el movimiento de la canción protesta porque especialmente durante los años 60 y 70 en Latinoamérica, la música era una forma de rebelarse contra las injusticias sociales o políticas. Hoy en día hay una nueva generación de cantautores que incorporan en sus temas los avances de la música actual, especialmente el pop. Las letras se centran menos en la política y más en los sentimientos o en contar historias de la vida cotidiana, con una mirada poética.
Algunos cantautores modernos son: Julieta Venegas (México); Antonio Vega, Ismael Serrano, Pedro Guerra o Javier Ruibal (España); Pablo Dacal y Andrés Calamaro (Argentina).

ANTES DE ESCUCHAR

1 a. ¿Con qué asocias la palabra amor?

b. ¿Te gustan las canciones que hablan de sentimientos? ¿Por qué?
   Clasifica las respuestas de la página siguiente en esta tabla y marca aquellas con las que te identificas. Luego, si quieres, añade otras.

Sí, porque...	No, porque...

- las emociones son lo más importante.
- estas canciones son aburridas.
- las canciones románticas son cursis.
- expresan muy bien lo que siento.
- son demasiado sentimentales.

2 a. **Esta es la primera estrofa de la canción que vas a escuchar. ¿De qué crees que trata?**

Tu madre tiene sangre holandesa,
yo tengo el pelo sefardí,
somos la mezcla de tus abuelos,
y tú, mitad de ella y mitad de mí.

– Trata de ....

b. **¿Qué relación crees que tiene con el título de la canción, "De amor y de casualidad"? Habla con tu compañero.**

3 a. **Vais a trabajar por parejas. Decidid quién es A y quién es B. Cada uno debe coger una ficha de las que aparecen en la página siguiente y no mirar la otra. ¿Qué preguntas tenéis que haceros para conseguir la información de la ficha?**

– Para saber el nombre y los apellidos hay que preguntar "¿Cómo te llamas?"

....

....

b. **Ahora entrevista a tu compañero y rellena tu ficha con sus datos.**

– ¿Cómo te llamas?

– Juana Bah.

– ¿Cómo se escribe tu apellido? ¿Lo puedes deletrear, por favor?

– Sí: B, A, H.

> En español se especifican los dos apellidos: el del padre y el de la madre.

Nombre y apellidos: ....

Edad: ....

Estado civil: ....

Lugar de nacimiento: ....

Ha vivido en: ....

Ahora vive en: ....

Profesión: ....

Lenguas que habla: ....

Aficiones: ....

Nombre y origen del padre: ....

Nombre y origen de la madre: ....

FICHA A	FICHA B

FICHA A

Nombre y apellidos: Juana Bah Vázquez
Edad: 25 años
Estado civil: soltera
Lugar de nacimiento: Madrid (España)
Ha vivido en: Madrid (España), París y Burdeos (Francia), México D. F. (México), Richmond (EE UU)
Ahora vive en: Nueva York (EE UU)
Profesión: pintora
Lenguas que habla: francés, fulah, español, alemán e inglés
Aficiones: música, senderismo, baile, literatura
Padre: Jean Bah (de Conakry, República de Guinea)
Madre: Laura Vázquez (de México)

FICHA B

Nombre y apellidos: Unai Mendioroz Cools
Edad: 27 años
Estado civil: soltero
Lugar de nacimiento: Montevideo (Uruguay)
Lugares donde ha vivido: Montevideo (Uruguay), Ciudad del cabo (Sudáfrica), Caracas (Venezuela), Madrid (España)
Ahora vive en: Berlín (Alemania)
Profesión: investigador
Lenguas que habla: inglés, neerlandés, alemán, español y euskera
Aficiones: música, cine, senderismo
Padre: Aitor Mendioroz (Bilbao, España)
Madre: Cristhel Cools (Amberes, Bélgica)

c. ¿Qué cosas tienen en común los dos personajes? Habla con tu compañero.

– Los dos han vivido en muchas ciudades.

d. Imagina que se encuentran. ¿Dónde, cuándo, cómo? ¿Qué sucede?

MIENTRAS ESCUCHAS

PRIMERA AUDICIÓN

1 a. En esta canción, un padre cuenta cosas a su hijo acerca de su familia. Escucha y anota todos los nombres de lugares y los términos de parentesco que oyes.

Términos de parentesco	Lugares

b. ¿Sabes cómo se dicen estos términos de parentesco en español? ¿Y en tu lengua?

	En español	En mi lengua
La hija de mi tío		
Los hijos de mi hermano		
El hermano de mi madre		
Los padres de mi madre		
La madre de mi abuela		
La abuela de mi abuelo	mi tatarabuela	

2 ¿Qué lugares son importantes en la historia de tu familia? ¿Por qué? Habla con un compañero.

– Para mi familia es importante Roma, porque mi madre es de allí.

SEGUNDA AUDICIÓN

1 Lee la letra de la canción. ¿Qué palabra o grupo de palabras encaja en cada lugar? Complétala y luego comprueba con la canción.

vinimos	amor	mezcla	sangre	claros	sur
mundo	abuelos	se escapó	entenderlo	vino	enero

Tu madre tiene .... holandesa,
yo tengo el pelo sefardí.
Somos la mezcla de tus ....
Y tú, mitad de ella y mitad de mí.

El padre de tu madre es de Cádiz.
Mi padre .... de Berlín,
yo vengo de una noche de ....,
tú vienes de una siesta en Madrid.

Tu madre .... aquí desde Suecia,
la mía se crió en Libertad.*
Tu madre y yo somos una ....,
igual que tú, de amor y de casualidad.

Tu madre tiene los ojos ....,
yo un tatarabuelo de Brasil.
Yo soy del ...., de Montevideo
y tú mitad de allá y mitad de aquí.

En este .... tan separado
no hay que ocultar de dónde se es,
pero todos somos de todos lados.
Hay que .... de una buena vez.

Tu madre se crió en Estocolmo,
la mía al sur de Tacuarembó.**
Tu madre y yo .... al mundo,
igual que tú, porque así lo quiso el ....

*__Libertad__: localidad cercana a Montevideo.
**__Tacuarembó__: departamento de Uruguay.

De amor y de casualidad

DESPUÉS DE ESCUCHAR

1 ¿Cuál crees que es el mensaje de la canción?

- Es muy importante de dónde somos.
- Todos somos una mezcla de nacionalidades y culturas.
- No podemos escapar de nuestro destino.

2 a. ¿Te parece un buen título? Habla con tu compañero.

b. Piensa un título alternativo y escríbelo aquí.

....

3 Drexler es un apellido de origen judío. ¿Qué versos de la canción hacen referencia al origen judío de la familia? Escríbelos aquí.

....

....

4 a. Completa el cuadro:

de Holanda	holandés	/	holandesa
de Brasil		/	
de Uruguay		/	
de Alemania		/	
de Suecia		/	
de España		/	
	italiano	/	italiana
		/	griega
	belga	/	
	francés	/	
		/	chilena
	inglés	/	

b. Con estos adjetivos, escribe frases sobre los miembros de la familia de la canción.

....

....

....

5 a. ¿Se parece tu familia a la del protagonista de la canción? Habla con un compañero.

b. Escribe un breve texto sobre tu familia. Puedes usar estos recursos y también metáforas como las de la canción.

Mi padre	es ....
Mi madre	se crió en ....
El padre de mi madre/padre	es de ....
La madre de mi madre/padre	viene de ....
Mis abuelos	tiene sangre ....
Yo tengo sangre	....
....	....
....	....

....

....

....

6 Entre toda la clase, vais a organizar la exposición "Hijos del amor y la casualidad". Seguid las instrucciones.

1. Redacta una ficha como la de la actividad 3 de **Antes de escuchar** sobre un personaje inventado. Los padres deben ser de países diferentes.

2. Poned las fichas de las mujeres en un montón y las de los hombres en otro y mezclad bien cada montón.

3. Formad parejas y escoged un hombre y una mujer al azar. Imaginad cómo es el hijo o la hija de esos dos personajes y preparad una ficha.

4. Exponed las fichas de los hijos en un lado y las de los padres en otro. Los compañeros deben adivinar quiénes son los padres de cada personaje.

CLAVES PARA EL PROFESOR

Actividades comunicativas de la lengua	Comprensión auditiva, comprensión de lectura, interacción oral, expresión oral, expresión escrita, mediación.
Léxico	Familia, países, ciudades y nacionalidades.
Funciones	Preguntar y contestar por información personal, describir una familia, hablar de gustos, explicar la causa de algo.
Gramática	Adjetivos de nacionalidad, verbos que rigen una preposición.
Conocimientos socioculturales	La canción de autor moderna, algunos datos de la cultura y la historia judías.

Nivel: A1

Duración aproximada: 2 horas

ANTES DE ESCUCHAR

La canción "De amor y de casualidad" propone una reflexión sobre la riqueza, la actualidad y la inevitabilidad del mestizaje. La **actividad 1** pretende activar el conocimiento del mundo de los alumnos y relacionar sus gustos con el estilo musical representado en esta unidad, la canción de autor moderna, muchos de cuyos temas se centran en la expresión de sentimientos a través de un lenguaje poético y cuidado. Aunque la expresión de sentimientos no aparece de forma repetitiva en la canción, el amor da título a esta. Por eso se propone una primera lluvia de ideas al respecto en el apartado **a** y una actividad pautada para conocer su posición con respecto a la expresión de sentimientos en la música, en el apartado **b**. En la **actividad 2** se da la oportunidad a los alumnos de imaginar cuál es el tema de la canción a partir de la letra de la primera estrofa y su relación con el título. En la **actividad 3** se propone un trabajo de intercambio de información por parejas. Para llevarlo a cabo, los alumnos deben repasar las preguntas necesarias para recabar información personal y deben hablar entre ellos.

1 **a.** Respuesta abierta.

b.

Sí, porque...	No, porque...
las emociones son lo más importante. expresan muy bien lo que siento.	estas canciones son aburridas. las canciones románticas son cursis. son demasiado sentimentales.

2 Respuesta abierta.

3 **a.** Posibles respuestas:
¿Cómo te llamas? ¿Cómo te apellidas? ¿Cuál es tu apellido? ¿Cuántos años tienes? ¿Dónde has nacido? ¿A qué te dedicas? ¿Dónde has vivido? ¿Dónde vives ahora? ¿Qué lenguas hablas? ¿Qué aficiones tienes? ¿Cómo se llama tu madre/padre? ¿De dónde es?

b. Véanse las fichas de la actividad.

PRIMERA AUDICIÓN

En esta fase los alumnos trabajan sobre los términos de parentesco. En la **actividad 1** se propone un trabajo de escucha selectiva en el que los alumnos solo deben entender los términos de parentesco y los lugares que se nombran en la canción. A continuación, se amplía el trabajo de léxico y se propone una actividad de traducción destinada a reflexionar sobre los complejos sistemas de parentesco y sus semejanzas y diferencias en las distintas lenguas y culturas. Si lo estima conveniente, en este punto puede proponer una reflexión sobre este tema. Hay culturas en las que los grados de parentesco de segundo y tercer grado son importantes y su vocabulario es de uso habitual, mientras que en otras no lo es. En la **actividad 2** se propone un trabajo de interacción oral en el que los alumnos hablan de los lugares que son importantes en su historia familiar, igual que se hace en la canción.

1 a. Términos de parentesco: madre, abuelos, padre, tatarabuelo.
Lugares: Estocolmo, Suecia, Uruguay, Brasil, Cádiz, Berlín, Madrid, Tacuarembó, Libertad. (Se menciona también el gentilicio **holandesa**.)

b.

La hija de mi tío	mi prima
Los hijos de mi hermano	mis sobrinos
El hermano de mi madre	mi tío
Los padres de mi madre	mis abuelos
La madre de mi abuela	mi bisabuela
La abuela de mi abuelo	mi tatarabuela

2 Respuesta abierta.

SEGUNDA AUDICIÓN

En esta fase hay una sola actividad que abarca todas las estrofas de la canción. Se han eliminado algunas palabras o grupos de palabras que aparecen en el recuadro gris. Los alumnos deberán leerlos, asegurarse de comprender su significado y hacer uso de sus estrategias de inferencia y sus conocimientos léxicos, morfosintácticos y textuales para recomponer la canción con ellas. Para comprobar escucharán la canción. Consideramos pertinente que los alumnos piensen en posibilidades antes de escuchar la canción, puesto que esto los obliga a poner en marcha estrategias de anticipación. Tenga en cuenta que los alumnos pueden llegar a construir versos que son posibles y correctos, aunque no sean los que aparecen en la canción.

1 Véase la letra de la canción.

Una vez que los alumnos han trabajado sobre el texto oral, pueden centrarse ahora en los temas que este dispara. En las **actividades 1** y **2** se propone a los alumnos un trabajo de síntesis e interpretación del mensaje principal de la canción, bien mediante la pregunta directa de interpretación del mensaje, bien mediante la propuesta de reflexionar sobre el título y crear uno alternativo. La **actividad 3** propone a los alumnos una actividad de lectura selectiva para descubrir las referencias a la cultura e historia judías escondidas en la canción. Si lo estima conveniente, puede ampliar este tema con otros datos de la historia judía, otros personajes judíos célebres, etc. La **actividad 4** tiene carácter gramatical y propone el repaso de los gentilicios y las terminaciones de los mismos. En función de las necesidades de su grupo, puede detenerse aquí y proponer un repaso de las terminaciones y las concordancias entre sustantivos y adjetivos. La **actividad 5** invita a los alumnos a comparar su familia con la de la canción en una actividad de expresión escrita. Por último, **la actividad 6** es una propuesta para una tarea creativa en la que toda la clase colabora. Partiendo del modelo textual de la ficha de la sección **Antes de escuchar**, los alumnos imaginan personajes multiculturales y su descendencia. Inventan personajes que presentan al resto de la clase, quienes tienen que encontrar a sus padres entre las fichas elaboradas con anterioridad. Tenga en cuenta que, para que la actividad funcione, sería conveniente que hubiera aproximadamente el mismo número de personajes masculinos que de personajes femeninos.

1 Todos tenemos mezcla de nacionalidades y culturas.

2 Respuesta abierta.

3 **Mi padre se escapó de Berlín:** referencia a la época del nazismo en Alemania, cuando muchos judíos tuvieron que abandonar el país.
Yo tengo el pelo sefardí: referencia a los judíos sefardíes, los descendientes de los judíos que vivieron en la Península Ibérica hasta su expulsión a finales del siglo xv.

4 **a.** Brasil: brasileño-brasileña; Uruguay: uruguayo-uruguaya; Alemania: alemán-alemana; Suecia: sueco-sueca; España: español-española; Italia: italiano-italiana; Grecia: griego-griega; Bélgica: belga-belga; Francia: francés-francesa; Chile: chileno-chilena. Gran Bretaña: inglés-inglesa.

b. Respuesta abierta.

5 Respuesta abierta.

6 Respuesta abierta.

De amor y de casualidad

Tu madre tiene sangre holandesa,
yo tengo el pelo sefardí,
somos la mezcla de tus abuelos
y tú, mitad de ella y mitad de mí.

El padre de tu madre es de Cádiz,
mi padre se escapó de Berlín,
yo vengo de una noche de enero,
tú vienes de una siesta en Madrid.

Tu madre vino aquí desde Suecia,
la mía se crió en Libertad.
Tu madre y yo somos una mezcla,
igual que tú, de amor y de casualidad,
igual que tú, de amor y de casualidad.

Tu madre tiene los ojos claros,
yo un tatarabuelo de Brasil,
yo soy del sur, de Montevideo,
y tú mitad de allá y mitad de aquí.

En este mundo tan separado
no hay que ocultar de dónde se es,
pero todos somos de todos lados,
hay que entenderlo de una buena vez.

Tu madre se crió en Estocolmo,
la mía al sur de Tacuarembó;
tu madre y yo vinimos al mundo,
igual que tú, porque así lo quiso el amor,
igual que tú, porque así lo quiso el amor.

BORRIQUITO

Autor: Pere Pubill Calaf (Peret)

País: España

Año: 1971

Álbum: *Peret*

Discográfica: Ariola

Género: rumba catalana

Nivel: A1

Peret

Pere Pubill Calaf nació en Mataró (Barcelona, España) en 1935, en una familia gitana. Desde muy pequeño empezó a tocar la guitarra y a cantar, y a los doce años actuó por vez primera en un festival infantil. En los años 60 se fue a vivir a Madrid para trabajar en un espectáculo flamenco y se hizo famoso con versiones de canciones cubanas y colombianas. En 1971 consiguió la fama internacional con la canción "Borriquito". Entre 1982 y 1992 Peret se dedicó a la Iglesia Evangélica de Filadelfia y abandonó la música. Su siguiente disco se publicó en el año 2000. Se titulaba: *Peret: Rey de la rumba*, y en él cantaba sus canciones más famosas con artistas de las nuevas tendencias musicales. Desde entonces ha grabado dos discos más: *Que levante el dedo* (2007) y *De los cobardes no se ha escrito nada* (2009). En total, ha publicado más de veinte discos.

Rumba catalana

Es un género que nació en los años 50 en las fiestas de los gitanos de Barcelona, que imitaban a los cantantes cubanos y a los cantantes de rock. Toma su nombre de la rumba, un ritmo religioso afrocubano cuyo significado es "fiesta". No tiene relación con el flamenco, sino que mezcla ritmos cubanos (guaracha y son) con la armonía del *rock and roll*. Sus dos instrumentos básicos son las palmas y la guitarra. En la guitarra se emplea la técnica del ventilador, que consiste en golpear la madera de la guitarra para hacer percusión mientras se tocan las cuerdas.
Los creadores del género fueron Peret y Antonio González "El Pescaílla". Actualmente muchos grupos e intérpretes combinan la rumba catalana con otros ritmos. Algunos son: Gato Pérez, Gypsy Kings, Sabor de Gracia, Los Manolos, Estopa, La troba kung fú, Muchachito Bombo Infierno y Ojos de brujo (España).

ANTES DE ESCUCHAR

1 ¿Conoces la rumba? ¿Y la rumba catalana? Habla con tu compañero.

2 Lee el texto sobre la rumba catalana y marca si las siguientes afirmaciones son verdaderas o falsas.

	V	F
1. La rumba catalana la inventaron los gitanos catalanes.	☐	☐
2. Los instrumentos básicos son la guitarra y las castañuelas.	☐	☐
3. El ventilador es un instrumento musical.	☐	☐
4. La rumba catalana no tiene relación con el flamenco.	☐	☐

3 a. ¿La canción que vas a escuchar se llama "Borriquito". Borriquito es el diminutivo cariñoso de borrico. Busca esta palabra en el diccionario: ¿Qué quiere decir? ¿Cómo se dice en tu lengua?

....

b. ¿Con qué adjetivos se asocia la palabra borriquito o burro en tu lengua? Márcalos en el recuadro y añade otros, si es necesario.

inteligente	tonto	bajo	alto	lento
rápido	feo	guapo	ignorante	

MIENTRAS ESCUCHAS

PRIMERA AUDICIÓN

1 Escucha la canción y apunta las palabras y expresiones que entiendes:

....

....

2 ¿Qué dice el estribillo? Intenta completarlo y compara después tus respuestas con las de tu compañero.

Borriquito como ....
Tururú
Que no .... ni la ....
Tururú

Borriquito como ....
Tururú

Yo sé .... que ....

3 ¿Reconoces la técnica del ventilador al escuchar la canción? Habla con tu compañero.

SEGUNDA AUDICIÓN

1 a. Esta es la primera estrofa después del estribillo. Léela y marca la palabra que crees que corresponde en cada caso.

Yo soy el **gitano/cantante**.
Yo soy el poeta.
Soy el más querido,
soy el preferido de la **juventud/gente**.
Con solo seis letras
hago mil **palabras/canciones**
y todos aplauden
con gran **entusiasmo/alegría**
mis inspiraciones.

 b. Ahora escucha la canción y comprueba si tus hipótesis son correctas.

2 ¿Cómo crees que se siente el cantante? ¿Por qué?

a. Feliz.

b. Inseguro.

c. Cansado.

d. ....

TERCERA AUDICIÓN

1 Estos son los versos desordenados de la siguiente estrofa. Antes de volver a escuchar la canción, comenta con tus compañeros las dudas de vocabulario. Luego escucha y ordénala.

canto a lo que sea ☐

y con este acento ☐

canto al tabernero ☐

y mi nombre es Pedro ☐

canto al mundo entero ☐

parezco extranjero ☐

canto a la portera ☐

les canto a las chicas ☐ 1

pero soy de Vigo ☐

me hago llamar Peter ☐

DESPUÉS DE ESCUCHAR

1 ¿Cuándo crees que se utiliza en español la expresión No sabes ni la u? Discute con tu compañero.

    a. Cuando un niño es muy pequeño.

    b. Cuando alguien es ingenuo o no sabe nada.

    c. Cuando alguien canta muy mal.

2 a. En tu cultura, ¿qué características físicas o de carácter se asocian con los diferentes animales? Elige adjetivos del recuadro o busca otros nuevos.

valiente	fuerte	lento	ignorante	trabajador	hablador	fiel

la tortuga: ....

el oso: ....

el loro: ....

el zorro: ....

el perro: ....

el león: ....

la hormiga: ....

el burro: ....

    b. Pregunta a tu profesor si en español se asocian las mismas características con cada animal.

    c. Busca el antónimo de cada adjetivo.

    d. Según tu carácter, ¿con qué animales te idenficas? ¿Por qué? Escríbelo aquí.

      – Yo, con el loro, porque hablo mucho.

      ....

      ....

3 a. En español existen cinco vocales. ¿Cuántas hay en tu lengua? ¿Qué diferencias hay con las vocales del español? Habla con tu compañero.

    b. Durante 3 minutos, piensa con tu compañero en palabras que empiecen por cada vocal. Después, mostrad vuestras listas al resto de la clase. ¿Quién tiene más palabras?

A	E	I	O	U
amigo				
amor				

4 En la canción hay muchos verbos en presente de indicativo. Cópialos y escribe al lado el infinitivo de cada uno. ¿Cuáles de ellos son irregulares?

....

....

....

....

....

....

5 ¿Cómo te imaginas al protagonista de la canción? Con un compañero, escribe una breve descripción. Imaginad cómo es su carácter, qué cosas le gustan, dónde vive, qué edad tiene, etc. Luego, presentádselo al resto de la clase.

Pedro es un chico joven, de unos 30 años, que ....

....

....

....

....

....

....

....

....

6 En grupos de tres, buscad en internet un vídeo de un grupo de los que se nombran en el texto sobre la rumba catalana y presentádselo al resto de la clase. Incluid la siguiente información.

Nombre del grupo: ....

Título de la canción: ....

Instrumentos que se tocan: ....

¿Os gusta? ....

¿Por qué? ....

Otras observaciones: ....

....

CLAVES PARA EL PROFESOR

Actividades comunicativas de la lengua	Comprensión auditiva, comprensión de lectura, expresión escrita, interacción oral, expresión oral, mediación.
Léxico	Algunos animales, adjetivos del carácter.
Funciones	Describir el carácter de una una persona, hablar de los datos básicos de una persona, hablar de uno mismo.
Gramática	Repaso del presente de indicativo, verbos irregulares en presente de indicativo, las vocales en español.
Conocimientos socioculturales	La rumba catalana, características que se asocian a los animales en las diferentes culturas.

Nivel: A1

Duración aproximada: 1 hora y media

ANTES DE ESCUCHAR

El objetivo de las actividades de esta fase es que los alumnos se familiaricen con la rumba catalana y activen conocimientos previos sobre este y otros estilos musicales relacionados. Todo ello les perimitirá disfrutar de la canción y aprovechar al máximo el trabajo con ella. En la **actividad 1** se pregunta a los alumnos sobre lo que puedan saber sobre la rumba en general, y luego, sobre la rumba catalana. Hemos decidido este orden de preguntas porque es posible que los alumnos conozcan algo sobre la rumba pero no sobre la rumba catalana. Usted puede establecer el vínculo entre ambos géneros a partir de la información contenida en el texto de introducción. Una vez realizada la actividad de pre-lectura, la **actividad 2** invita a los alumnos a leer el texto sobre la rumba catalana y a resolver una sencilla actividad de comprensión. La **actividad 3** se centra en el título de la canción y propone a los alumnos, en primer lugar, un trabajo de léxico para saber a qué animal hace referencia, y, en segundo, un trabajo de reflexión sobre los rasgos de carácter que suelen atribuirse a este animal en su propia lengua. Puede decidir si explica en este momento las asociaciones que tiene la palabra en castellano (tonto, de pocas luces, bruto, ignorante, necio, etc.) o lo deja para más adelante, puesto que se retoma en la **actividad 2** del apartado **Después de escuchar**. En cualquiera de los dos casos, este trabajo los preparará para comprender más adelante la expresión **no saber ni la u** que se repite en el estribillo.

1 Respuesta abierta.

2

	V	F
1. La rumba catalana la inventaron los gitanos catalanes.	☑	
2. Los instrumentos básicos son la guitarra y las castañuelas.		☑
3. El ventilador es un instrumento musical.		☑
4. La rumba catalana no tiene relación con el flamenco.	☑	

3 **a.** Respuesta abierta.

PRIMERA AUDICIÓN

En esta fase se propone un trabajo de aproximación a la letra de la canción. La **actividad 1** es de escucha general e invita simplemente a los alumnos a activar sus conocimientos previos y apuntar todas aquellas palabras o expresiones que reconocen. De esta forma, y como la canción tiene un ritmo relativamente rápido, los alumnos se inician con una actividad que no les produce ansiedad. Recomendamos hacer una puesta en común para ampliar, con las aportaciones de todos, la cantidad de palabras y expresiones que puedan identificar y facilitar así el trabajo posterior. La **actividad 2** se centra en el estribillo, que aparece incompleto, para que ellos lo completen de memoria después de haber escuchado la canción. Consideramos que por ser repetido varias veces y no revestir una complejidad excesiva, es una actividad que pueden solucionar sin escuchar de nuevo. Para mayor seguridad, se propone el trabajo con un compañero. Si les quedan dudas, pueden comprobar cuando vuelvan a escuchar la canción. Por último, la **actividad 3** se centra en la música en sí, en concreto en la técnica empleada en este género al tocar la guitarra: el ventilador. Se trata de sensibilizar a los alumnos sobre esta técnica que se menciona en el texto inicial.

1 Respuesta abierta.

2 Borriquito como **tú**
Tururú

Que no **sabes** ni la **u**
Tururú

Borriquito como **tú**
Tururú

Yo sé **más** que **tú**

3 La técnica del ventilador se escucha a lo largo de toda la canción, pero se distingue especialmente al comienzo.

SEGUNDA AUDICIÓN

Esta fase se centra en la primera estrofa de la canción después del estribillo. En la **actividad 1** los alumnos deben leer la estrofa antes de escucharla y hacer hipótesis acerca de la letra real. Es interesante que aproveche este momento para discutir sus respuestas, puesto que en principio todas son posibles. Este trabajo previo activará su curiosidad por saber cuál es la letra real. Reproduzca entonces la primera estrofa de la canción y deje que los alumnos marquen las respuestas correctas. En la **actividad 2** se propone a los alumnos un trabajo de interpretación del contenido de la estrofa. Después de la actividad de escucha selectiva, tienen ahora la oportunidad de leer con calma e inferir el significado global de la misma. Anímelos a discutir y justificar sus respuestas.

1 Yo soy el cantante.
Yo soy el poeta.
Soy el más querido,
soy el preferido de la juventud.
Con solo seis letras
hago mil canciones
y todos aplauden
con gran entusiasmo
mis inspiraciones.

2 Posible respuesta:
El cantante se siente feliz porque puede componer y cantar muchas canciones y tiene mucho éxito entre el público, especialmente entre el público joven.

TERCERA AUDICIÓN

En esta fase de comprensión los alumnos se centran en la última estrofa. En la **actividad 1** pueden leer los versos desordenados y deben ordenarlos mientras escuchan. En este caso no recomendamos que hagan hipótesis antes de escuchar, puesto que las posibilidades son demasiado extensas. Además, como es posible que desconozcan algunas palabras como **portera** o **tabernero**, anímelos a conversar en parejas o pequeños grupos para inferir los posibles significados a partir de cognados, el contexto, etc. Por último, explique que **me hago llamar** equivale aproximadamente a **me llaman**. Es posible que tenga que explicar también que Vigo es una ciudad que se encuentra en la comunidad autónoma de Galicia, en el noroeste de España. Por último, si lo estima conveniente, puede preguntar por qué creen que el artista se hace llamar Peter y habla con acento extranjero. La explicación es que Peret hace una alusión jocosa al hecho de que lo extranjero, en el mundo de la música, se vende mejor y goza de mejor imagen que lo autóctono.

1 Les canto a las chicas.
Canto al tabernero,
canto a la portera,
canto a lo que sea,
canto al mundo entero.
Y con este acento
parezco extranjero
pero soy de Vigo.
Me hago llamar Peter
y mi nombre es Pedro.

DESPUÉS DE ESCUCHAR

En esta fase los alumnos realizan actividades de léxico, gramática y contenidos culturales, especialmente. En la **actividad 1** se invita a los alumnos a inferir el significado de la expresión **No saber ni la u** a partir del trabajo previo que se ha realizado. Puede enlazar en este momento con connotaciones que la palabra **burro** o **borrico** puede tener en español y en otras lenguas. La **actividad 2** se centra en el léxico de los animales y la descripción del carácter. En concreto se pregunta por las características que se relacionan por lo general con diferentes animales en su lengua y se propone una comparación con el español. Asimismo, se profundiza en el trabajo de léxico al proponer ampliar la lista con los antónimos. Por último, los alumnos pueden utilizar el léxico aprendido para hablar de sí mismos y su carácter. En este punto puede aprovechar para ampliar la lista de adjetivos y animales, si lo considera conveniente. En la **actividad 3** se plantea una reflexión sobre el sistema vocálico del español y otras lenguas para analizar las posibles diferencias y semejanzas. Esta reflexión se complementa con una actividad lúdica en la que los alumnos, por parejas, activan sus conocimientos léxicos para escribir todas las palabras que recuerdan que empiecen por cada una de las cinco vocales. La **actividad 4** se centra en los verbos que se utilizan en la canción, todos ellos en presente de indicativo. La **actividad 5** es un trabajo libre de expresión escrita: por parejas, los alumnos redactan una descripción del protagonista de la canción a partir de la letra y de su propia imaginación, y presentan al personaje ante el resto de la clase. Por último, la **actividad 6** es una propuesta libre para que los alumnos investiguen en internet y conozcan nuevos temas e intérpretes de la rumba catalana.

1 b.

2 **a** y **b.** Respuesta abierta.

   c. valiente > cobarde; fuerte > débil; lento > rápido; ignorante > culto; trabajador > perezoso/holgazán; hablador > callado/silencioso; fiel > infiel/ traicionero.

   d. Respuesta abierta.

3 Respuesta abierta.

4 sabes/sé > saber; soy > ser; hago > hacer; aplauden > aplaudir; canto > cantar; parezco > parecer. Irregulares: saber, ser, hacer, parecer.

5 Respuesta abierta.

6 Respuesta abierta.

Borriquito

Borriquito como tú.
Tururú
que no sabes ni la "u".
Tururú
Borriquito como tú.
Tururú
Yo sé más que tú.

A, A
E, E
I, I
O, O
U, U

¡A, E, I, O, U!
Borriquito como tú.
Tururú
Borriquito como tú.
Tururú
que no sabes ni la "u".
Tururú
Borriquito como tú.
Tururú
Yo sé más que tú.

Yo soy el cantante,
yo soy el poeta,
soy el más querido,
soy el preferido
de la juventud.
Con solo seis letras
hago mil canciones
y todos aplauden
con gran entusiasmo
mis inspiraciones.

Les canto a las chicas,
canto al tabernero,
canto a la portera,
canto a lo que sea,
canto al mundo entero.
Y con este acento
parezco extranjero,
pero soy de Vigo.
Me hago llamar Peter
y mi nombre es Pedro.

Borriquito como tú.
Tururú

GRACIAS A LA VIDA

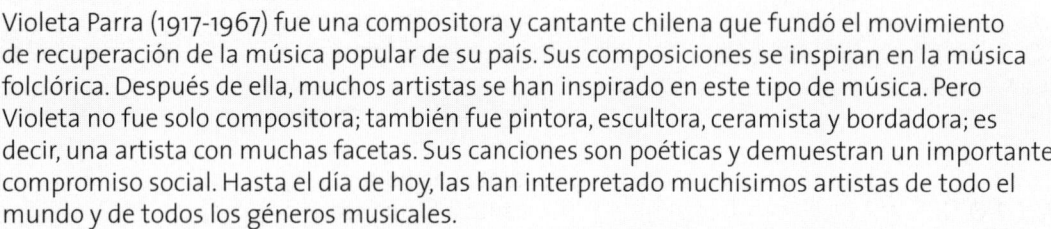

Autora: Violeta del Carmen Parra Sandoval (Violeta Parra)

País: Chile

Año: 1966

Álbum: *Las últimas composiciones*

Discográfica: RCA Victor.

Género: Canción de autor

Nivel: A2

Violeta Parra

Violeta Parra (1917-1967) fue una compositora y cantante chilena que fundó el movimiento de recuperación de la música popular de su país. Sus composiciones se inspiran en la música folclórica. Después de ella, muchos artistas se han inspirado en este tipo de música. Pero Violeta no fue solo compositora; también fue pintora, escultora, ceramista y bordadora; es decir, una artista con muchas facetas. Sus canciones son poéticas y demuestran un importante compromiso social. Hasta el día de hoy, las han interpretado muchísimos artistas de todo el mundo y de todos los géneros musicales.

La canción de autor

La canción de autor es el género músical que practican los cantautores, artistas que componen la música y la letra de los temas que interpretan. Las letras pueden tratar sobre temas sociales, filosóficos, políticos, personales o amorosos. La palabra "cantautor" está muy relacionada con el movimiento de la canción protesta porque muchos utilizan o han utilizado su música para luchar contra injusticias sociales o políticas. Por eso, a lo largo de la historia algunos cantautores han tenido que marcharse de sus países, es decir, exiliarse durante un período de tiempo, como Joan Manuel Serrat durante la dictadura de Franco, en España, y a otros incluso los han asesinado, como al chileno Víctor Jara durante la dictadura de Pinochet. Otros cantautores en español son: Silvio Rodríguez (Cuba); Rubén Blades (Panamá); Jorge Drexler (Uruguay); Juan Luis Guerra (República Dominicana); León Gieco (Argentina); Pablo Milanés (Cuba); Joaquín Sabina y Luis Eduardo Aute (España); o Ricardo Arjona (Guatemala).

ANTES DE ESCUCHAR

1 a. Antes de leer los textos del principio, contesta: ¿sabes qué es un cantautor? ¿Conoces algún cantautor en lengua española?

....

....

....

b. Ahora lee los textos sobre la canción de autor y sobre Violeta Parra y comprueba si coinciden con tus respuestas.

2 Y en tu país, ¿hay cantautores importantes? ¿Conoces otros cantautores que canten en tu lengua y que no sean de tu país? ¿De qué tratan sus canciones? ¿Te gustan? Habla con un compañero.

3 La canción que vas a escuchar se titula "Gracias a la vida". En ella, la autora da gracias a la vida por muchas cosas. ¿ Tú por qué le das gracias a la vida? Completa las siguientes frases con información personal:

Doy gracias a la vida, porque ....
Doy gracias a la vida, que ....
Doy gracias a la vida por ....
Doy gracias a la vida ....

MIENTRAS ESCUCHAS

PRIMERA AUDICIÓN

1 Escucha la canción y anota las palabras o expresiones que reconoces.

....
....

2 Ahora contesta estas preguntas.

a. ¿Te parece una canción sencilla, compleja, triste, alegre, melancólica, moderna, tradicional, bailable? ¿Por qué?

....

b. ¿Qué instrumentos destacan?

....

c. ¿Te gusta la voz de la cantante? ¿Es suave, fuerte, romántica, etc.?

....

SEGUNDA AUDICIÓN

1 Escucha y ordena las estrofas de la canción.

☐ **A.** Gracias a la vida que me ha dado tanto,
me ha dado la risa y me ha dado el llanto.
Así yo distingo dicha de quebranto,
los dos materiales que forman mi canto
y el canto de ustedes que es el mismo canto,
y el canto de todos que es mi propio canto.

☐ **B.** Gracias a la vida que me ha dado tanto
me ha dado la marcha de mis pies cansados.
Con ellos anduve ciudades y charcos,
playas y desiertos, montañas y llanos,
y la casa tuya, tu calle y tu patio.

☐ **C.** Gracias a la vida que me ha dado tanto,
me dio dos luceros que cuando los abro
perfecto distingo lo negro del blanco
y en el alto cielo, su fondo estrellado
y en las multitudes, el hombre que yo amo.

☐ **D.** Gracias a la vida que me ha dado tanto,
me ha dado el sonido y el abecedario,
con él las palabras que pienso y declaro:
madre, amigo, hermano y luz alumbrando
la ruta del alma del que estoy amando.

☐ **E.** Gracias a la vida que me ha dado tanto,
me dio el corazón que agita su marco
cuando miro el fruto del cerebro humano,
cuando miro al bueno tan lejos del malo,
cuando miro al fondo de tus ojos claros.

2 Cada estrofa está relacionada con una parte del cuerpo o con determinadas emociones. Por parejas, discutid con cuáles y escribidlo al lado de cada estrofa.

los pies para caminar	el corazón para sentir	la alegría y la pena
los ojos para ver	los oídos y la boca para escuchar y hablar	

TERCERA AUDICIÓN

1 Vuelve a leer la letra de la canción y busca en ella las palabras que tienen los siguientes significados.

a. ojos (lenguaje poético):

b. gran cantidad de gente:

c. decir algo en público:

d. alegría:

e. tristeza:

f. lágrimas, acción de llorar:

g. agua en el suelo (aquí: mares, océanos, etc.):

h. moverse con fuerza, (aquí palpitar, latir):

i. caminata larga, trayectoria:

2 a. En parejas y sin leer la letra, reconstruid las dos últimas estrofas con las siguientes palabras y expresiones. La rima os puede ayudar.

bueno	canto	marco	humano	llanto	malo
mi propio	tus ojos claros	ustedes	quebranto		

Gracias a la vida que me ha dado tanto,

me dio el corazón que agita su ....

Cuando miro el fruto del cerebro ....

Cuando miro al ....tan lejos del ....

cuando miro al fondo de ....

Gracias a la vida que me ha dado tanto,

me ha dado la risa y me ha dado el..

así yo distingo dicha de..

los dos materiales que forman mi ....

y el canto de.................................... que es el mismo canto

y el canto de todos que es ....canto.

b. Escuchad las estrofas y comprobad si vuestras respuestas son correctas.

3 **¿Cómo interpretas la última estrofa de la canción? Aquí te damos algunas posibilidades. Discute con tu compañero.**

a. La cantautora dice que su vida es casi siempre triste, pero le da algunas alegrías.

b. La cantautora dice que sus canciones hablan de lo triste y lo alegre de la vida.

c. La cantautora dice que sus canciones hablan de sus sentimientos y de los de los demás.

DESPUÉS DE ESCUCHAR

1 **¿Te gusta especialmente algún verso de la canción?¿Cuál? Escríbelo aquí y explica a tus compañeros por qué te gusta.**

....

....

....

....

2 **En la canción se utilizan muchas metáforas. En parejas, ¿podéis explicar estas con vuestras propias palabras?**

el corazón agita su marco

– Yo creo que significa que el corazón late fuerte porque la cantante siente muchas cosas.

el fruto del cerebro humano ....

la ruta del alma del (hombre) que estoy amando ....

la marcha de mis pies cansados ....

3 A lo largo de la canción aparecen varios verbos en diferentes tiempos. Completa esta tabla teniendo en cuenta la persona verbal en la que aparecen.

Infinitivo	Persona del verbo en la canción	Presente de Indicativo	Pretérito perfecto de Indicativo	Pretérito indefinido	Gerundio
dar	3ª sg.	da	ha dado	dio	dando
abrir	1ª sg.			abrí	abriendo
	1ª. sg.	amo			amando
distinguir	1ª. sg.			distinguí	
	1ª. sg.	pienso	he pensado		
	1ª. sg.	declaro			declarando
alumbrar	3ª. sg.				alumbrando
	1ª. sg.	estoy	he estado		
andar	1ª. sg.			anduve	
agitar	3ª. sg.		ha agitado		
	1ª. sg.	miro		miré	
	3ª. pl.	forman			formando
	3ª. sg.	es			siendo

4 a. ¿Qué cuatro palabras o expresiones son importantes para la cantante? Búscalas en la canción.

....

....

b. ¿Y para ti? Elige cuatro palabras en tu lengua, en español y en otra lengua que conozcas y completa la tabla. Pueden ser palabras o expresiones diferentes en cada lengua. Luego explica a tus compañeros por qué las has escogido.

En tu lengua	En español	En otra lengua

– A mí me gusta "Freund", que significa "amigo" porque para mí, los amigos son

muy importantes.

– Pues yo en español elijo "chocolate" porque me gusta cómo suena.

c. Haced un mural con las palabras más importantes para cada uno.

5 Además de la vida, ¿a qué otras cosas o personas puedes agradecer y por qué? Escribe por lo menos cinco siguiendo el modelo:

– Gracias a la vida, que me ha dado a mis padres.

– Gracias a mi familia, que me ha dado amor.

Gracias a .... que me ha dado ....

Gracias a .... que me ha dado ....

Gracias a .... que me ha dado ....

Gracias a .... que me ha dado ....

Gracias a .... que me ha dado ....

6 En parejas o pequeños grupos, preparad una presentación sobre un cantautor o una cantautora en español. Para ello, buscad en internet información sobre su vida y su estilo musical.

CLAVES PARA EL PROFESOR

Actividades comunicativas de la lengua	Comprensión auditiva, comprensión de lectura, interacción oral, expresión oral, expresión escrita, mediación.
Léxico	Lenguaje metafórico, algunas emociones, algunas partes del cuerpo.
Funciones	Dar las gracias por algo, expresar causa y finalidad, expresar gustos, interpretar lenguaje metafórico, justificar una elección, explicar de qué trata una canción.
Gramática	Repaso de los presentes y pasados del indicativo, repaso del gerundio.
Conocimientos socioculturales	Violeta Parra, la canción de autor.

ANTES DE ESCUCHAR

El objetivo de esta fase es preparar a los alumnos para escuchar una canción fundamental del repertorio musical en lengua española del siglo xx. Para ello se proponen varias actividades que propician la activación de los conocimientos previos de los alumnos acerca de la canción de autor y sus intérpretes, los cantautores, así como la existencia de este tipo de música en su propio país (**actividades 1, 2** y **3**). La **actividad 4** propone un primer acercamiento al tema de la canción a través de una reflexión personal sobre las razones por las cuales el alumno daría las gracias a la vida, como hace Violeta Parra en la canción escogida.

1 Respuesta abierta.

2 Respuesta abierta.

3 Respuesta abierta.

4 Respuesta abierta.

MIENTRAS ESCUCHAS

En esta fase los alumnos escuchan la canción tres veces, yendo de lo global a lo detallado. Algunas de las actividades de comprensión auditiva vienen precedidas de un trabajo en parejas que facilita la escucha. Se centran a menudo en la interpretación de las múltiples metáforas incluidas en la canción. En las actividades pensadas para el trabajo individual, consideramos importante que se haga una puesta en común, en clase abierta, que permita resolver las dudas que hayan podido surgir durante su realización.

PRIMERA AUDICIÓN

Esta fase tiene dos actividades. En la **actividad 1** los alumnos deben intentar reconocer palabras y expresiones que no son nuevas para ellos. Al final de la actividad puede, si lo estima conveniente, hacer una lista con todo aquello que los alumnos han comprendido, pues esto facilitará mucho el trabajo posterior y motivará a los alumnos al demostrarles que no parten de cero en el trabajo de comprensión. En la **actividad 2** se pregunta por la impresión global que les producen la música y sus componentes: los instrumentos, la voz de la cantante, la melodía, etc., pues no se debe olvidar que la música es en primer lugar una fuente de goce estético, y esta la razón primordial por la que se escucha.

1 Respuesta abierta.

2 **a.** Respuesta abierta.

b. Depende de la versión, pero normalmente la guitarra siempre está presente.

c. Respuesta abierta.

SEGUNDA AUDICIÓN

De nuevo, para la segunda vez que los alumnos escuchan la canción, se proponen dos actividades. En ellas se trabaja sobre la estructura de la canción y el significado de las metáforas presentes en ella. En la **actividad 1**, los alumnos deben escuchar la canción y numerar las estrofas según el orden en el que aparecen en ella. La aparente sencillez de esta actividad compensa la densidad léxica y poética del texto y sirve como preparación para la actividad siguiente. Para realizar la **actividad 2**, los alumnos ponen en marcha sus microhabilidades de síntesis e interpretación, al relacionar cada estrofa con el concepto al que hace referencia.

1 A. 5, B. 3, C. 1, D. 2, E. 4.

2 **estrofa 1:** los ojos para ver, **estrofa 2:** los oídos y la boca para escuchar y hablar, **estrofa 3:** los pies para caminar; **estrofa 4:** el corazón para sentir; **estrofa 5:** la alegría y la pena.

TERCERA AUDICIÓN

La tercera vez que los alumnos escuchan la canción deben concentrarse en su carga léxica. En la **actividad 1** se propone un trabajo de léxico centrado en algunas de las palabras clave del texto. Para resolver la actividad, los alumnos deben realizar un trabajo de inferencia a partir del contexto. En la **actividad 2** se continúa con el trabajo sobre el léxico, esta vez a través de varias estrofas en las que faltan algunas palabras o grupos de palabras. Los alumnos deben poner en marcha sus conocimientos léxicos, morfosintácticos y textuales para decidir qué palabra o expresión encaja en cada lugar. Llame su atención además sobre el uso de la rima como factor organizador en las canciones. Apunte las propuestas de los alumnos en la pizarra pero no las corrija hasta que hayan escuchado la canción de nuevo. Deles a ellos la posibilidad de corregir los errores. La **actividad 3** se centra en la última estrofa, en la que la cantautora resume el sentido de su música como expresión de la voz popular. Al terminar esta actividad, si lo estima conveniente, puede propiciar una discusión acerca del papel de los cantautores en la sociedad actual. Si es necesario, puede recurrir a la lengua materna de los alumnos o a una lengua vehicular.

1 **a.** los ojos (lenguaje poético): dos luceros
b. una gran cantidad de gente: muchedumbre
c. decir algo en público: declarar
d. alegría: dicha
e. tristeza: quebranto
f. lágrimas, acción de llorar: llanto
g. agua en el suelo (aquí: mares, océanos, etc.): charco
h. moverse con fuerza, (aquí: palpitar, latir): latir
i. caminata larga, trayectoria: ruta

2 Gracias a la vida que me ha dado tanto,
me dio el corazón que agita su marco.
Cuando miro el fruto del cerebro humano,
cuando miro al bueno tan lejos del malo,
cuando miro al fondo de tus ojos claros.

Gracias a la vida que me ha dado tanto,
me ha dado la risa y me ha dado el llanto,
así yo distingo dicha de quebranto,
los dos materiales que forman mi canto
y el canto de ustedes que es el mismo canto
y el canto de todos que es mi propio canto.

3 c.

DESPUÉS DE ESCUCHAR

Las actividades de esta sección tienen como objetivo profundizar en algunos aspectos léxicos, gramaticales y culturales que se derivan de la canción, así como propiciar una valoración personal de la canción y los temas que esta propone. La mayoría de las actividades están concebidas para ser realizadas en grupo, a excepción de las actividades 2 y 3, que pueden hacerse de forma individual. La **actividad 1** se centra en la valoración estética de la canción. Los alumnos simplemente manifiestan si les gusta o no. A veces es difícil justificar una valoración general, así que no es necesario que fuerce la actividad para conseguir que le expliquen por qué o por qué no les ha gustado. La **actividad 2** continúa con el trabajo léxico y propone la interpretación de algunas metáforas de la canción. El grado de complejidad en esta fase es algo mayor que en las anteriores, puesto que los alumnos no deben relacionar las metáforas con un concepto dado, sino expresar el significado con sus propias palabras. Por ello es importante que acepte diferentes interpretaciones, así como formas de expresarlas. La **actividad 3** es de contenido gramatical. Los alumnos centran su atención en las formas verbales que aparecen en la letra de la canción, identifican el tiempo verbal en el que se utilizan y repasan otras formas verbales ya conocidas. Tenga en cuenta que en la canción se alterna el uso del pretérito perfecto y del indefinido por razones métricas, no exclusivamente gramaticales. Puede ser conveniente llamar la atención también sobre las formas de los irregulares del indefinido de los verbos **andar**, **estar** o **ser**. Con la **actividad 4**, partiendo de la estrofa en la que Violeta Parra enumera las palabras y expresiones que para ella son importantes, los alumnos deberán pensar en cuatro palabras o expresiones importantes para ellos no solo en español, sino también en su lengua materna y otras, si las dominan. Si lo considera conveniente, puede proponer la tarea del apartado **c**, que consiste en elaborar un mural con las palabras importantes para la clase. Estas pueden servir después para generar textos narrativos, descriptivos, poéticos o de otro tipo. En la **actividad 5** los alumnos practican la acción de dar gracias, pero no solo a la vida, sino a otros entes abstractos o a otras personas por diferentes motivos. Se proporciona un modelo que pueden seguir y que ayudará a fijar esa estructura. Por último, con la **actividad 6** los alumnos llevan a cabo un trabajo de investigación en internet para conocer a otros cantautores en español. En este caso es muy recomendable que los alumnos realicen su presentación ante los demás compañeros y que pongan música del cantautor para darlo a conocer.

1 Respuesta abierta.

2 Posibles respuestas:

El fruto del cerebro humano: lo que ha conseguido la humanidad a lo largo de la historia (descubrimientos, inventos, etc.).

La ruta del alma del (hombre) que estoy amando: lo que siente y piensa el hombre que amo.

La marcha de mis pies cansados: las experiencias que he vivido.

3

Infinitivo	Presente de Indicativo	Pretérito perfecto de Indicativo	Pretérito indefinido	Gerundio
dar	da	ha dado	dio	dando
abrir	abro	he abierto	abrí	abriendo
amar	amo	he amado	amé	amando
distinguir	distingo	he distinguido	distinguí	distinguiendo
pensar	pienso	he pensado	pensé	pensando
declarar	declaro	he declarado	declaré	declarando
alumbrar	alumbra	ha alumbrado	alumbró	alumbrando
estar	estoy	he estado	estuve	estando
andar	ando	he andado	anduve	andando
agitar	agita	ha agitado	agitó	agitando
mirar	miro	he mirado	miré	mirando
formar	forman	han formado	formaron	formando
ser	es	ha sido	fue	siendo

4 **a.** madre, amigo, hermano, la luz alumbrando la ruta del alma del hombre que estoy amando.

b. Respuesta abierta.

c. Respuesta abierta.

5 Respuesta abierta.

6 Respuesta abierta.

Gracias a la vida

Gracias a la vida que me ha dado tanto,
me dio dos luceros que cuando los abro
perfecto distingo lo negro del blanco
y en el alto cielo, su fondo estrellado
y en las multitudes, el hombre que yo amo.

Gracias a la vida que me ha dado tanto,
me ha dado el sonido y el abecedario,
con él las palabras que pienso y declaro:
madre, amigo, hermano y luz alumbrando
la ruta del alma del que estoy amando.

Gracias a la vida que me ha dado tanto
me ha dado la marcha de mis pies cansados.
Con ellos anduve ciudades y charcos,
playas y desiertos, montañas y llanos,
y la casa tuya, tu calle y tu patio.

Gracias a la vida que me ha dado tanto,
me dio el corazón que agita su marco
cuando miro el fruto del cerebro humano,
cuando miro al bueno tan lejos del malo,
cuando miro el fondo de tus ojos claros.

Gracias a la vida que me ha dado tanto,
me ha dado la risa y me ha dado el llanto.
Así yo distingo dicha de quebranto,
los dos materiales que forman mi canto
y el canto de ustedes que es el mismo canto,
y el canto de todos que es mi propio canto.

Gracias a la vida.
Gracias a la vida.
Gracias a la vida.
Gracias a la vida.

ENTRE TU BALCÓN Y MI VENTANA

Autor de la letra: Javier Laguna

Autores de la música: Toni Zenet y José Taboada

País: España

Año: 2008

Álbum: *Los mares de China*

Discográfica: El volcán música

Género: bolero moderno

Nivel: A2

Toni Zenet

Toni Zenet es un actor, compositor e intérprete español. Nació en Málaga en 1967. Estudió Arte dramático, Interpretación y Danza. Cuando terminó los estudios creó un grupo de mimo para actuar en teatros y cafés y desde entonces ha trabajado como profesor de teatro, regidor y ayudante de dirección. Además, ha participado como actor en obras de teatro, películas y series de televisión españolas.

Su carrera musical comenzó como cantante en un grupo llamado Sur, S.A, que tocaba temas de funky flamenco. Desde 2007 se dedica exclusivamente a componer música para cantar las letras líricas, intimistas y minimalistas que le escribe su amigo el poeta Javier Laguna. Aunque es difícil clasificarlos en un estilo musical determinado, tienen muchos ingredientes del bolero y del jazz. La canción "Entre tu balcón y mi ventana" es parte de la banda sonora de la película *Una palabra tuya* (2008), de Ángeles González-Sinde.

El bolero

El bolero nació en Cuba, a finales del siglo XIX. Se trata de temas románticos que tienen un compás lento de 4/4 y se pueden bailar en pareja. Los instrumentos tradicionales eran la guitarra y percusiones como los bongós, la congas y las tumbadoras. Hoy, sin embargo, el género se ha modernizado y muchos compositores incluyen instrumentos de jazz como el saxofón, el piano o el violoncelo. El bolero tuvo mucho éxito dentro y fuera de Cuba y los pequeños tríos del principio crecieron y se convirtieron en grandes orquestas. Las letras de los boleros hablan de amores apasionados y cuentan historias dramáticas de traición, olvido y dolor. El director de cine Pedro Almodóvar incluye muchos boleros en sus bandas sonoras.

Los compositores más famosos son Agustín Lara, Armando Manzanero, María Grever (México); Miguel Matamoros y César Portillo (Cuba). Los intérpretes: Celia Cruz, Antonio Machín y La Lupe en Cuba; Los Panchos, Juan Gabriel, Chavela Vargas y Luis Miguel en México; Moncho y María Dolores Pradera en España. Entre los artistas modernos que combinan el bolero con otros estilos están Joaquín Sabina, Javier Krahe, Martirio, Silvia Pérez Cruz, Mayte Martín, Toni Zenet o Concha Buika, todos ellos españoles.

ANTES DE ESCUCHAR

1 a. Lee el texto sobre el bolero y rellena esta ficha.

Lugar de origen:	
Fecha de aparición:	
Instrumentos tradicionales:	
Instrumentos principales actuales:	
Características:	
Evolución:	
Compositores principales:	
Intérpretes tradicionales:	
Intérpretes modernos:	

b. Estas son estrofas de boleros famosos. ¿Qué expresa cada una?
Escribe al lado el número correspondiente.

a. No puedo soportar no estar contigo. ☐

b. Ámame con pasión. ☐

c. Acuérdate de mí en los malos momentos. ☐

d. Esa historia de amor fue única. ☐

e. Esa historia de amor dio sentido a mi vida. ☐

1. Bésame, bésame mucho
como si fuera esta noche la última vez.

2. Solamente un vez,
amé en la vida.
Solamente una vez,
y nada más.

3. Piensa en mí
cuando sufras,
cuando llores también,
piensa en mí.

4. Angustia de no tenerte a ti,
tormento de no tener tu amor,
angustia de no besarte más,
nostalgia de no escuchar tu voz.

5. Es la historia de un amor
como no hay otro igual
que me hizo comprender
todo el bien, todo el mal,
que le dio luz a mi vida.

2 El tema que vas a escuchar se llama "Entre tu balcón y mi ventana".
¿Qué te sugiere el título? Habla con un compañero.

Entre tu balcón y mi ventana

3 a. Mira las imágenes A y B y descríbelas utilizando el siguiente vocabulario y los marcadores de lugar. Si tienes dudas, habla con un compañero, utiliza un diccionario o pregunta a tu profesor.

ventana   balcón   cuerda de tender   luz encendida   luz apagada
salida de incendio   portal   portero

encima de, debajo de, delante de, detrás de, al lado de, a la derecha de,
a la izquierda de, al fondo de, entre, en medio de, en el centro de

– En la imagen A hay dos casas bajas. Al fondo hay...

....

....

b. Ahora habla con un compañero y comentad qué diferencias y qué semejanzas hay entre las dos imágenes.

– En la imagen A no hay portero en ninguna casa; en la imagen B hay portero
en el edificio de la derecha.

MIENTRAS ESCUCHAS

PRIMERA AUDICIÓN

 1 Escucha la canción y anota todas las palabras y expresiones que comprendes.

....

....

2 Lee lo que has escrito. ¿De qué crees que trata la canción? ¿Es lo mismo que escribiste en la actividad 2 de Antes de escuchar? Habla con un compañero.

SEGUNDA AUDICIÓN

1 a. De todas estas cosas, seis de ellas están entre el balcón y la ventana de la canción. ¿Cuáles crees que son?

> **dos portales solitarios / dos cuerdas de tender / dos miradas escondidas / una calle / una herida que se abre / un trocito de cielo / un paraíso secreto / una tierra de nadie / dos luces que se encienden a la vez / un espacio tan pequeño en el que apenas cabe el aire / una escalera de dudas / dos salidas de incendio**

 b. Ahora escucha la canción y comprueba si has acertado.

2 ¿A qué crees que se refieren las imágenes anteriores? Habla con un compañero.

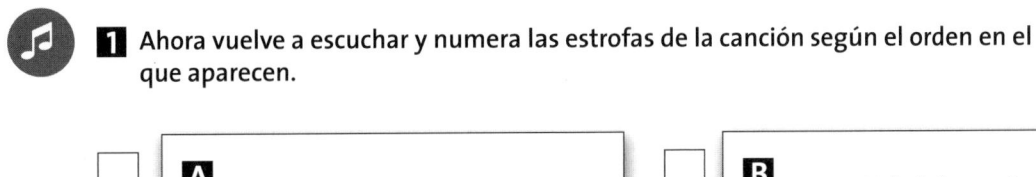

– Yo creo que "dos portales solitarios" significa que él quiere estar con ella y ella con él.

– Sí, y que se sienten solos.

TERCERA AUDICIÓN

 1 Ahora vuelve a escuchar y numera las estrofas de la canción según el orden en el que aparecen.

☐ **A** Entre tu balcón y mi ventana
todo es tierra de nadie.
Entre tu balcón y mi ventana
ni siquiera cabe el aire.

☐ **B** Entre tu balcón y mi ventana
hay dos cuerdas de tender.
Entre tu balcón y mi ventana
no hay dos luces a la vez.

☐

C Cuando sales al balcón
se me sale el corazón.
Cuando sales al balcón
se me sale el corazón
y tú ves cómo se empaña
el cristal de mi ventana.

☐

D Entre tu balcón y mi ventana
hay una calle por medio.
Entre tu balcón y mi ventana
solo un trocito de cielo.

☐

E Entre tu balcón y mi ventana
dos portales sin portero.
Entre tu balcón y mi ventana
hay dos salidas de incendio.

2 Ahora vuelve a mirar las imágenes de la actividad 3b de la sección Antes de escuchar. ¿Cuál de las dos se corresponde con la descripción de la canción?

DESPUÉS DE ESCUCHAR

1 ¿Qué crees que significan las siguientes metáforas? Habla con un compañero y marca una respuesta.

1. **No hay dos luces a la vez.**
   a. Cuando mi luz está encendida, la tuya está apagada.
   b. Nunca estamos en casa.
   c. Nunca encendemos la luz.

2. **Cuando sales al balcón se me sale el corazón.**
   a. No hay sitio suficiente para los dos en el balcón.
   b. Estás enamorada de mí y por eso sales al balcón.
   c. Me pongo muy nervioso cuando sales al balcón.

3. **Tú ves cómo se empaña el cristal de mi ventana.**
   a. En mi casa hace mucho calor.
   b. Te miro desde mi ventana, muy cerca, y suspiro.
   c. Los cristales de mi casa están muy limpios para poder verte.

2 a. ¿Cómo te imaginas a los protagonistas de la canción? Habla con tu compañero. Inventad un nombre, una edad, una profesión y un carácter para cada uno. Escribid su retrato físico y psíquico.

–El chico de la ventana se llama Arturo, tiene 21 años, es afinador de pianos, es tímido, escribe poemas...

b. Con el mismo compañero, decidid quién es el protagonista y quién la protagonista. Cada uno completa las frases de su personaje. Luego comparadlas. ¿Qué relación hay entre ellos?

ÉL	ELLA
Cuando sales al balcón se me sale el corazón	Cuando veo que me miras detrás de la ventana ....
Cuando cierras el balcón	Cuando sales del portal ....
Cuando entras en el portal	Cuando te veo en la calle ....
Cuando te miro	Cuando entras en tu casa ....

3 Escribe un fragmento del diario de él o ella. Incluye la siguiente información: ¿qué has hecho hoy? ¿Has visto a tu vecino? ¿Cuándo? ¿Qué ha sucedido? ¿Cómo ves tú a tu vecino? ¿Te interesa? ¿Te gusta?

4 Inventa un final para la historia. Aquí tienes varias posibilidades pero puedes inventar otra, si lo prefieres.

a. Un día, él estaba en la terraza y ella salió al balcón. Se miraron y ....

b. Un día él vio su nombre en el buzón, la esperó delante de su casa y ....

5 Escribe ahora una estrofa más desde el punto de vista de ella.

Entre mi balcón y tu ventana...

CLAVES PARA EL PROFESOR

Actividades comunicativas de la lengua	Comprensión auditiva, comprensión de lectura, interacción oral, expresión oral, expresión escrita, mediación.
Léxico	La calle, las casas, las relaciones amorosas.
Funciones	Describir a una persona, contar una historia, escribir un diario.
Gramática	Marcadores de lugar, oraciones subordinadas temporales con **cuando** + presente de indicativo, uso de los pasados.
Conocimientos socioculturales	El bolero.

Nivel: A2

Duración aproximada: 2 horas

ANTES DE ESCUCHAR

En esta unidad se trabaja con un bolero moderno. No se trata, por lo tanto, de un bolero clásico, pero se propone como acercamiento para llegar a aquel.

El objetivo de la **actividad 1** es trabajar sobre el texto de introducción al género. Los alumnos deben leerlo y hacer un trabajo de síntesis que tiene como resultado final la ficha cumplimentada. Si lo estima conveniente, antes de llevar a cabo la actividad, puede hablarles de referentes culturales de fama internacional como la película *Buena Vista Club Social*, que retrata la Vieja Trova Santiaguera, o la música de las películas de Pedro Almodóvar. Puede incluso ponerles un bolero conocido como "Bésame mucho", la escena de la película *Tacones lejanos* con el bolero "Piensa en mí" u otros temas clásicos, y preguntar qué relacionan o qué les sugiere este tipo de música. En el **apartado b** se incluye una selección de estrofas de boleros famosos cuya letra corresponde a las características mencionadas en el texto. Si bien algunos de ellos están por encima del nivel A2, los alumnos deberían ser capaces de resolver la actividad sin problema gracias a la síntesis de cada estrofa que aparece en la misma, así como a partir de sus conocimientos del mundo y la ayuda de otros compañeros. La **actividad 2** se centra en el título de la canción y, a partir de lo que se ha trabajado acerca del bolero y su temática, se propone a los alumnos que hagan hipótesis acerca de la historia que cuenta. Por último, la **actividad 3** pretende poner a los alumnos en el escenario en el que tiene lugar la historia de la canción: una calle con dos casas o edificios y lo que hay alrededor y entre ellos. Se anticipa así parte del léxico relacionado con la canción y se hace un repaso del uso de los marcadores de lugar. Al final de la tercera audición, los alumnos volverán a esta actividad y podrán ser capaces de reconocer cuál de las dos imágenes se corresponde con la descripción que aparece en la letra.

1 a.

Lugar de origen:	Cuba
Fecha de aparición:	Finales del siglo XIX
Instrumentos tradicionales:	Guitarra y percusión (bongós, congas y tumbadoras)
Instrumentos principales actuales:	Piano, saxofón, violoncelo...
Características:	Compás de 4/4, ritmo lento, canciones para bailar en pareja, temas románticos sobre historias de amor y dolor
Evolución:	Fusión con el jazz y otras músicas
Compositores principales:	Agustín Lara, Armando Manzanero, María Grever, Miguel Matamoros, César Portillo, Celia Cruz
Intérpretes tradicionales:	Antonio Machín, La Lupe, Los Panchos, Juan Gabriel, Chavela Vargas, Luis Miguel, Moncho, María Dolores Pradera
Intérpretes modernos:	Joaquín Sabina, Javier Krahe, Martirio, Silvia Pérez Cruz, Mayte Martín, Toni Zenet o Concha Buika

b. a. 4, b. 1, c. 3, d. 2, e. 5.

2 Respuesta abierta.

3 Respuesta abierta.

MIENTRAS ESCUCHAS

PRIMERA AUDICIÓN

En la **actividad 1** se pide a los alumnos que escuchen y apunten todas las palabras y expresiones que comprendan. Como ya habrán trabajado con gran parte del vocabulario, es muy probable que reconozcan muchas palabras e incluso frases, y que esto los anime para trabajar con las partes más complejas del texto. En la **actividad 2** tienen la posibilidad de comprobar si las hipótesis que hicieron en la sección anterior sobre el tema de la canción coinciden con lo que han escuchado. En caso contrario, pueden corregirlas ahora. Puede usted promover una discusión en clase abierta sobre el tema y, si lo considera conveniente, preguntar a sus alumnos si tienen relación con sus vecinos, etc.

1 Respuesta abierta.

2 Un hombre está enamorado de su vecina.

SEGUNDA AUDICIÓN

Como es habitual en la poesía, en las letras de las canciones se incluyen muchas metáforas sobre las que el alumno va a trabajar en este momento. En la **actividad 1** aparece una lista de posibles cosas que puede haber entre las dos casas, de las cuales ellos deben escoger las seis que se mencionan en la canción. Por supuesto, las posibilidades son muy numerosas y el objetivo de esta actividad es que los alumnos se familiaricen con las imágenes, anticipen la siguiente actividad de comprensión que realizan en el **apartado b** y, por último, en la **actividad 2**, que trabajen sobre su posible significado.

1 Dos portales solitarios, dos cuerdas de tender, una calle, un trocito de cielo, una tierra de nadie, un espacio tan pequeño en el que apenas cabe el aire, dos salidas de incendio.

2 Respuesta abierta.

TERCERA AUDICIÓN

Esta última fase de comprensión propone dos actividades. En la **actividad 1** los alumnos, ya muy familiarizados con el tono y el lenguaje poético, deben ordenar las estrofas de la canción. De esta manera tienen una visión de toda la letra. En la **actividad 2** se propone a los alumnos que vuelvan a mirar las imágenes de la **actividad 3b** de la sección **Antes de empezar**. Leyendo la letra de la canción, podrán ser capaces de identificar cuál de las imágenes se corresponde con esta.

1 d, a, c, b, e.

2 A.

DESPUÉS DE ESCUCHAR

En esta fase se parte de una última actividad de interpretación del lenguaje metafórico de la canción (**actividad 1**) para pasar a otras de carácter más abierto. En la **actividad 2** los alumnos deben imaginarse a los protagonistas y escribir un breve retrato de cada uno. En el **apartado b** se les propone continuar las oraciones temporales de forma acorde a la personalidad que acaban de delinear en el apartado anterior. En este punto deben construir oraciones temporales con la conjunción **cuando**. En función de las necesidades y características de su grupo, puede decidir si se detiene y profundiza en este tema gramatical o no. En la **actividad 3** se propone que continúen con la historia y redacten un día en la vida de uno de los dos personajes. Recuerde a sus alumnos que en este caso deberán utilizar el pretérito perfecto de indicativo. Anímelos a escribir el texto en consonancia con la personalidad que están creando. La **actividad 4** propone continuar la historia a partir del momento en que ambos protagonistas se conocen. En este caso, recuérdeles que deberán ventilizar el indefinido y el imperfecto. De nuevo, puede decidir si es necesario detenerse a recordar el uso de ambos tiempos verbales para narrar una historia. Por último, en la **actividad 5** se invita a los alumnos a escribir una estrofa para la canción, si bien desde la perspectiva de ella. Insista a sus alumnos en la importancia de seguir el ritmo, de utilizar la rima, si lo necesitan, y de conseguir que la estrofa encaje en la cadencia de la canción.

1 1. a, 2. c, 3. b.

2 Respuesta abierta.

3 Respuesta abierta.

4 Respuesta abierta.

5 Respuesta abierta.

LETRA DE LA CANCIÓN

Entre tu balcón y mi ventana

Entre tu balcón y mi ventana
hay una calle por medio.
Entre tu balcón y mi ventana,
solo un trocito de cielo.

Entre tu balcón y mi ventana
todo es tierra de nadie.
Entre tu balcón y mi ventana
ni siquiera cabe el aire.

Cuando sales al balcón
se me sale el corazón.
Cuando sales al balcón
se me sale el corazón
y tú ves cómo se empaña
el cristal de mi ventana.

Entre tu balcón y mi ventana
hay dos cuerdas de tender.
Entre tu balcón y mi ventana
no hay dos luces a la vez.

Entre tu balcón y mi ventana
dos portales sin portero.
Entre tu balcón y mi ventana
hay dos salidas de incendio.

Cuando sales al balcón
se me sale el corazón.
Cuando sales al balcón
se me sale el corazón
y tú ves cómo se empaña
el cristal de mi ventana.

LA CUMBIA DEL MOLE

Autora: Lila Downs

País: México

Año: 2006

Álbum: *La cantina*

Discográfica: Narad Productions, Inc.

Género: músicas del mundo

Nivel: A2

Lila Downs

Ana Lila Downs Sánchez es una cantante, intérprete, compositora y productora mexicana conocida como Lila Downs. Nació en la ciudad de Tlaxiaco, en el estado de Oaxaca, México. Es hija de un director de cine estadounidense y una cantante indígena de la etnia mixteca. De niña y de joven vivió entre Oaxaca y los Estados Unidos. Estudió antropología en la Universidad de Minnesota y se doctoró en Bellas Artes en Oaxaca. Después estudió música en Nueva York. En 1994 empezó su carrera en la música. En 1999, gracias a su disco *La Sandunga*, empezó a ser conocida fuera de México. Pero su éxito internacional llegó con el disco *La Cantina* (2006). Después aparecieron *Ojo de Culebra* (2009) y *Pecados y milagros* (2011).
Lila Downs canta sobre todo en español, pero también en inglés y en varias lenguas indígenas de México: mixteco, zapoteco, maya, purépecha y náhuatl*. Compone muchas de sus canciones, pero también interpreta temas clásicos del repertorio mexicano. Su estilo se denomina "Músicas del Mundo" porque las melodías se basan en la música tradicional mexicana y la de las comunidades culturales e indígenas de Oaxaca.
Es, además, una mujer comprometida. Ha dado conciertos para apoyar a las mujeres indígenas, a los maestros de Oaxaca y la preservación del medio ambiente.

*El náhuatl es una lengua amerindia que tiene más de un millón de hablantes repartidos entre el sur de los EE UU y el norte de México. Proviene de la lengua de los antiguos aztecas.

Músicas del mundo

El género músicas del mundo (*World Music* en inglés) engloba las composiciones musicales que se basan en la música popular, tradicional y folclórica de diferentes culturas del globo. Pueden ser composiciones tradicionales puras o mezcladas con instrumentos del pop o del jazz.
Otros artistas en español que se dedican a este género son Carlos Vives (Colombia), Ojos de Brujo (España) o Cecilia Noel (Perú), entre otros muchos.
La **cumbia** es un ritmo bailable que proviene originariamente de Colombia. Tiene raíces africanas, indígenas y españolas. En sus orígenes era un baile religioso, pero ahora es más bien popular y se baila en muchos países de América latina, en los que se mezcla con otros ritmos.

ANTES DE ESCUCHAR

1 Lee el texto sobre las "Músicas del mundo". ¿Te gusta este tipo de música? ¿Conoces artistas de tu país o de otros que hagan esta música? ¿Cómo se llama este género musical en tu país?

....

....

....

2 ¿Qué sabes de México? ¿Has estado allí alguna vez? Si has estado, ¿qué lugares has visitado? Habla con tu compañero.

3 Intenta rellenar esta ficha con lo que sabes sobre México. No te preocupes si no puedes completarla entera. Al final de la unidad vas a saber más cosas sobre este país y entonces podrás completarla.

Personajes importantes (de la historia, el arte, la música, etc.):...

....

Gastronomía:..

Costumbres:...

Hechos históricos importantes:...

Civilizaciones prehispánicas:...

Lenguas que se hablan: ....

Otros datos interesantes:...

....

4 Lee los siguientes textos sobre México y su cultura y encuentra la imagen que se corresponde con cada uno.

1.

El mole es una salsa mexicana que se comen con la carne. Hay muchos tipos. Se hace normalmente con frutos secos (almendra, cacahuetes —que en México se llaman "cacahuates"—, nueces). Estos se muelen y se mezclan con especias (canela, clavo, pimienta), chile, pan y sal. El mole oaxaqueño lleva además chocolate. Las mujeres que preparan el mole son las molenderas.

2.

La patrona de la ciudad de Oaxaca de Juárez (capital del estado de Oaxaca) es la Virgen de la Soledad, y sus fiestas se celebran el 18 de diciembre. En ellas se hacen "mandas", es decir, procesiones. También se cocinan platos típicos de la cocina mexicana, como el mole, y se queman fuegos artificiales para pedir favores a la Virgen.

3.

En los festivales de fuegos artificiales mexicanos se queman toritos y castillos. Los toritos son estructuras con forma de toro que echan fuego mientras una persona corre con ellos. Los castillos son construcciones muy altas con forma de castillo. Son muy espectaculares cuando arden.

4.

A 10 km de Oaxaca de Juárez están las ruinas de Monte Albán, una ciudad prehispánica del siglo v a.C declarada Patrimonio de la Humanidad. Además de templos y otros lugares para celebrar ceremonias, se han encontrado tumbas y otros objetos muy valiosos.

5.

El chocolate es un alimento que se hace a partir de las semillas del cacao. Los trozos de cacao se mezclan con agua, especias y azúcar. El origen de su nombre es náhuatl: *xocolatl*.

6.

El tequila y el mezcal son dos bebidas alcohólicas mexicanas muy populares que se hacen a partir de una planta llamada agave o maguey. El tequila se prepara con agave azul y puede tener hasta un 51% de agave. El mezcal se hace con el 100% de agave, pero de varios tipos. El tequila se fabrica en el norte de México, especialmente en Jalisco, y el mezcal en el sur, sobre todo en Oaxaca.

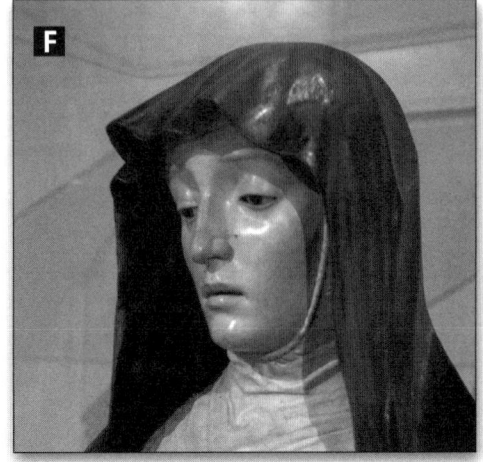

5 a. Busca en la actividad anterior palabras y expresiones que correspondan a las siguientes categorías. Ten en cuenta que algunas pueden corresponder a más de una.

Ciudades mexicanas

Yacimientos arqueológicos

Costumbres y fiestas

Plantas

Bebidas

Alimentos

b. ¿Qué palabras crees que proceden del náhuatl? Habla con tus compañeros y tu profesor.

....

c. ¿Puedes añadir nuevas palabras para cada recuadro?

6 La cumbia es un ritmo tradicional colombiano. La canción que vas a escuchar a continuación se titula "La cumbia del mole". ¿De qué crees que trata? Escríbelo aquí.

....

....

MIENTRAS ESCUCHAS

PRIMERA AUDICIÓN

1 Mira estas palabras y expresiones. Luego escucha la canción y marca las que se nombran en ella.

México	Oaxaca	tequila	mezcal	café	mole
me gusta	cacahuate	chocolate	sal	pan	chile
canela	clavo	jitomate	castillo	vainilla	aguacate
guacamole	mezcal	almendra	nuez	pimienta	noche
fiesta	amor	mandas	agua		

CLASE DE MÚSICA | La cumbia del mole

2 ¿Conoces el significado de las palabras anteriores? En parejas, buscad en el diccionario las que no conocéis. Después, comprobad si aparecen en los recuadros de la actividad 5 del apartado anterior. Si no, añadidlas. Si es necesario, podéis crear nuevas categorías.

3 Escoge una palabra y escribe una definición. Luego léesela al resto del grupo sin decir a qué palabra corresponde. ¿Pueden adivinar de qué palabra se trata?

....

....

....

SEGUNDA AUDICIÓN

1 ¿En qué orden aparecen en la canción las palabras anteriores? Numéralas.

2 Completa la letra de la canción con esas palabras. Luego escucha la canción y comprueba.

Cuentan que en .... se toma el .... con ....
Dicen que la hierba le cura la mala fe.
A mí .... el .... que Soledad me va a moler.

Mi querida Soledad me va a guisar un molito.
Por el cielo de Monte Albán de .... sueño contigo.

Se muele con .... se muele también el ....
se muele la .... seca, se muele el .... y también la ....

Se muele ese .... se muele la ....
se muele .... y .... se mueve la molendera.

Cuentan que en .... con .... es el ....
Dicen que en la .... torito se ha de quemar
para el que haga su manda por la pasión de Soledad.

DESPUÉS DE ESCUCHAR

1 a. ¿Qué plato te gusta más de la cocina de tu país? ¿Y de otros países?

....

....

....

b. Escribe los ingredientes de dos platos que te gustan, uno de tu país y otro de otro. Luego compara tus gustos con los de un compañero.

De mi país	De otro país
Me gusta...	*Me gusta...*
Ingredientes	Ingredientes

– A mí me encanta el guacamole mexicano.

– Ah, sí, qué rico. ¿Qué lleva?

– Pues lleva aguacate, tomate, cebolla, chile, cilantro y limón.

El Guacamole lleva...

se hace con...

se prepara con...

2 a. Los verbos moler y guisar aparecen varias veces en la canción. ¿Sabes qué significan? Si quieres, puedes mirar en un diccionario. Luego escribe una frase con cada uno que te ayude a recordarlos.

	significa	ejemplo
moler		
guisar		

b. Con tu compañero, haz una lista con otras palabras y expresiones relacionadas con la cocina.

....	....	....
....	....	....

3 a. Torito es un diminutivo, ¿de qué palabra? Busca el otro diminutivo que aparece en la canción y escribe la palabra de la que deriva.

.... > torito   .... > ....

b. A partir de estos ejemplos, ¿puedes formar los diminutivos de las siguientes palabras?

cielo > ....   mezcal > ....

almendra > ....   agua > ....

c. ¿Existe el diminutivo en tu lengua? ¿Cómo se forma? ¿Se utiliza solo para indicar que algo es mas pequeño o tiene otros significados? Habla con tus compañeros.

4 En la siguiente tabla hay varios recursos que, en la canción, sirven para expresar generalizaciones. ¿Existen formas equivalentes en tu lengua?

	En tu lengua	En otra lengua que conoces
cuentan		
dicen		
se muele		
se ha de quemar (= se debe quemar)		

5 En pequeños grupos, buscad en internet vídeos de esta canción o de otras de Lila Downs. Pueden ser grabaciones de conciertos o videoclips. Escoged uno que os guste y presentádselo a la clase. ¿Por qué os gusta? ¿Cuál es el más popular?

6 Escribe una breve descripción de una fiesta típica de tu país. ¿Cómo se celebra? ¿Qué costumbres hay? Prepara una presentación para el resto de la clase. Al final, vais a votar por la fiesta más bonita, divertida o interesante.

CLAVES PARA EL PROFESOR

Actividades comunicativas de la lengua	Comprensión auditiva, comprensión de lectura, interacción oral, expresión oral, expresión escrita, mediación.
Léxico	Alimentos, cocina y gastronomía, costumbres populares.
Funciones	Describir hechos, dar una receta, hablar de los ingredientes de un plato, expresar gustos, hacer afirmaciones generales.
Gramática	El diminutivo, verbos con irregularidad vocálica, formas de generalizar, valores del diminutivo.
Conocimientos socioculturales	México, Lila Downs, músicas del mundo, el mole, costumbres y tradiciones mexicanas, lenguas amerindias.

ANTES DE ESCUCHAR

El objetivo de las actividades de esta fase es que los alumnos activen sus conocimientos previos sobre el género musical al que pertenece la canción y sobre México. Asimismo, los alumnos podrán familiarizarse con el léxico específico y los contenidos culturales de la canción: las fiestas de la Virgen de la Soledad en Oaxaca, los fuegos de artificio, el mole y algunos emblemas de la cultura oaxaqueña como las ruinas de Monte Albán, el mezcal o el chocolate.

En las **actividades 1, 2 y 3** se activan los conocimientos de los alumnos sobre las músicas del mundo y México. En la **actividad 4** se pone en marcha la comprensión lectora de los alumnos a través de textos e imágenes relacionados con los aspectos culturales que se mencionan en la canción. La **actividad 5** propone un trabajo de léxico: los alumnos clasifican varias palabras según los campos semánticos a los que pertenecen. Tenga en cuenta que las clasificaciones no siempre son absolutamente cerradas, sino que algunas palabras pueden pertenecer a más de una categoría (pueden ser plantas y alimentos a la vez, por ejemplo). Si lo estima conveniente, puede explicar a sus alumnos que la clasificación de palabras por temas es una estrategia que ayuda a la adquisición del vocabulario nuevo, puesto que propicia la creación de redes de palabras. La **actividad 6** propone a los alumnos que construyan hipótesis acerca del contenido del texto que van a escuchar. Esta estrategia de anticipación prepara a los alumnos para la comprensión del texto oral.

1 Respuesta abierta.

2 Respuesta abierta.

3 Respuesta abierta.

4 1. A, 2. F, 3. C, 4. E, 5. D, 6. B.

5 a.
Ciudades mexicanas: Oaxaca de Juárez.
Yacimientos arqueológicos: Monte Albán.
Costumbres y fiestas: festivales, mandas, toritos, castillos, fuegos artificiales, ceremonias.
Plantas: agave, maguey, cacao.

Bebidas: tequila, mezcal.
Alimentos: mole, salsa, carne, cacahuetes, sal, pan, chile, chocolate, almendras, nueces, cacao.
Especias: pimienta, canela, clavo.

b. Oaxaca, chocolate, chile, mezcal.

c. Respuesta abierta.

6 Sobre el mole oaxaqueño y otras costumbres de esta región.

MIENTRAS ESCUCHAS

PRIMERA AUDICIÓN

El objetivo de esta sección es que los alumnos trabajen sobre el léxico que van a escuchar en la canción. En la **actividad 1** deben marcar las palabras que escuchan de una lista, fijándose en su pronunciación. En la **actividad 2** se centran en el significado de dichas palabras, utilizando el diccionario en caso necesario. En la **actividad 3**, los alumnos ejercitan sus estrategias de comunicación al pensar en diferentes formas de definir o explicar un concepto. La propuesta de que sus compañeros adivinen la palabra en cuestión aporta un componente lúdico.

1 Oaxaca (2 veces), mezcal, café, me gusta, cacahuate, chocolate (dos veces), sal, pan, chile, canela, clavo, agua, almendra, pimienta, noche, fiesta.

2 Respuesta abierta.

3 Respuesta abierta.

SEGUNDA AUDICIÓN

En la **actividad 1**, los alumnos deben escuchar la canción y mientras, numerar las palabras que hayan señalado en la actividad anterior. Es importante que les explique que algunas palabras se nombran varias veces. Pídales que las numeren cada vez que las oigan. En la **actividad 2**, deben utilizar esas palabras para recomponer algunas estrofas de la canción. Es importante que intenten hacer esta actividad antes de volver a escuchar, ya que de esta forma se guían por procesos de inferencia a partir del contexto, ejercitan su competencia léxica y su memoria a corto plazo. Antes de corregir, ponga de nuevo la canción para que los mismos alumnos se corrijan. Aclare las dudas y las diferentes posibilidades. Es posible que haya respuestas que sean correctas desde el punto de vista léxico y gramatical pero no se correspondan con la canción. Téngalo en cuenta y explique a sus alumnos que en ese caso el razonamiento es válido. En la **actividad 3** corrigen sus respuestas escuchando de nuevo la canción. Al terminar esta fase, distribuya la letra de la canción entre sus alumnos y hable con ellos de las dudas o comentarios que les suscite. Si lo estima conveniente, explíqueles que la perífrasis **haber de** + infinitivo equivale a **deber** + infinitivo.

1 Oaxaca 1, 16, mezcal 2, café 3, mole 5, me gusta 4, cacahuate 7, chocolate 12, 18, sal 11, pan 8, chile 10, canela 13, clavo 15, agua 17, almendra 9, pimienta 14, noche 6, fiesta 19.

2 y **3**

Cuentan que en Oaxaca se toma el mezcal con café.
Dicen que la hierba le cura la mala fe.
A mí me gusta el mole que Soledad me va a moler.

Mi querida Soledad me va a guisar un molito.
Por el cielo de Monte Albán, de noche sueño contigo.

Se muele con cacahuate, se muele también el pan,
se muele la almendra seca, se muele el chile y también la sal.

Se muele ese chocolate, se muele la canela,
se muele pimienta y clavo, se mueve la molendera.

Cuentan que en Oaxaca, con agua es el chocolate.
Dicen que en la fiesta torito se ha de quemar
para el que haga su manda por la pasión de Soledad.

DESPUÉS DE ESCUCHAR

Las actividades que presentamos para la fase posterior a la escucha se proponen fijar la atención del alumno en diversos aspectos culturales y puntos específicos de léxico, morfología y sintaxis que aparecen en la canción. La **actividad 1** propone una dinámica de interacción oral en la que los alumnos describen varios platos y hablan de sus gustos con los compañeros. Se retoma el léxico de los ingredientes, la estructura **me gusta** para expresar gustos y los recursos **se hace/se prepara con** y **lleva** para describir el plato en cuestión. En la **actividad 2** se centra la atención de los alumnos en los verbos **moler** y **guisar**, puesto que aparecen varias veces en la canción y son fundamentales para entender esta. Si no se dieran cuenta, explíqueles que la palabra **mole** viene precisamente del verbo **moler**. Al mismo tiempo se los anima a repasar otras expresiones y verbos relacionados con la cocina. La **actividad 3** se centra en la morfología, en concreto en la formación del diminutivo y sus diferentes usos. Si le parece necesario, explique a sus alumnos por qué es necesaria la diéresis en agüita. Asimismo, si le parece conveniente, puede proponerles que formen los diminutivos de otras palabras de la canción, pero en este caso deberá explicar todas las posibilidades de formación del diminutivo (**fiesta**: **fiestecita**; **noche**: **nochecita**, **chocolate**: **chocolatito**, **café**: **cafetito**, **cafecito** o **cafelito**, etc.). A continuación, puede explicar que el diminutivo en español no siempre indica tamaño. Se puede utilizar con una connotación cariñosa o para paliar el daño que pueden causar determinados adjetivos negativos (**gordito**, **bajito**). Por último, se propone una reflexión con respecto a sus funciones en la lengua materna de los alumnos. La **actividad 4** es también una actividad gramatical que se centra en recursos que sirven para expresar generalizaciones. Se invita a los alumnos, una vez más, a reflexionar sobre los mecanismos que se emplean en su lengua para generalizar. Las **actividades 5** y **6** proponen la realización de presentaciones orales sobre diversos aspectos culturales. La primera se realiza en grupo, después de un paseo por Internet para ver algunos vídeos de la artista y escoger el que más les atrae. En este momento puede ser útil recordar a sus alumnos que en la web de Lila Downs encontrarán mucho material audiovisual. La última actividad propone una presentación individual a partir de una descripción por escrito de una fiesta popular del país del alumno.
Al terminar el trabajo con la canción, puede llevar a clase algún fragmento del libro *Como agua para chocolate* y/o algún fragmento de la película del mismo título.

1 Respuesta abierta.

2 a.

	significa	ejemplo
moler	Triturar hasta convertir en polvo	Respuesta abierta
guisar	(aquí) cocinar	Respuesta abierta

b. Respuesta abierta.

3 **a.** toro > torito, mole > molito.
b. cielo > cielito, mezcal > mezcalito, almendra > almendrita, agua > agüita.

c. Respuesta abierta.

4 Respuesta abierta.

5 Respuesta abierta.

6 Respuesta abierta.

LETRA DE LA CANCIÓN

La cumbia del mole

Cuentan que en Oaxaca se toma el mezcal con café.
Dicen que la hierba le cura la mala fe.
A mí me gusta el mole que Soledad me va a moler.

Mi querida Soledad me va a guisar un molito.
Por el cielo de Monte Albán, de noche sueño contigo.

Se muele con cacahuate, se muele también el pan,
se muele la almendra seca, se muele el chile y también la sal.

Se muele ese chocolate, se muele la canela,
se muele pimienta y clavo, se mueve la molendera.

Cuentan que en Oaxaca con agua es el chocolate.
Dicen que en la fiesta torito se ha de quemar*
para el que haga su manda por la pasión de Soledad.

*se ha de quemar: se debe quemar

PARA EL DOLOR

Autora: Ana Laan

País: España

Año: 2004

Álbum: *Orégano*

Discográfica: Liquid 8

Género: pop electrónico

Nivel: B1

Ana Laan

Ana Serrano Van der Laan es una compositora y cantante de padre español y madre sueca. En su familia se hablan tres lenguas: español, inglés y sueco, y ella canta en las tres. Aunque nació en Madrid, creció en Estocolmo. Más tarde vivió en Inglaterra y finalmente se trasladó a España, donde estudió Filología Inglesa. Pero su verdadera vocación era componer y cantar, así que pronto empezó a acompañar a artistas como Jorge Drexler, David Broza o Christina Rosenvinge.
Sus primeros temas propios los grabó con el pseudónimo Rita Calypso. Su primer disco como Ana Laan, *Orégano*, se publicó en 2004, tanto en los Estados Unidos como en Argentina, y tuvo mucho éxito. Siguieron *Chocolate&Roses* (2006) y *Sopa de almendras* (2010).
Ana Laan tiene una voz extraordinaria y en sus discos siempre ha contado con la colaboración de grandes músicos como Jorge Drexler.

Pop electrónico

El pop electrónico es una variante del género pop que añade a los instrumentos tradicionales (voz, guitarra y batería) instrumentos electrónicos como el sintetizador, la caja de ritmos y el ordenador personal. Las composiciones suelen ser melódicas y algo distintas a las del llamado techno-pop, que son electrónicas, pero están compuestas para bailar en las discotecas.
Algunos grupos y artistas en español que se relacionan con este género son: Fangoria, Astrud y Triángulo de Amor Bizarro (España); Lwrdez (Argentina); Mia Femme (Colombia); Fey (México); Javiera Mena (Chile); Dani Umpi (Uruguay).

ANTES DE ESCUCHAR

1 a. Antes de leer los textos del principio, contesta:

¿Te gusta la música electrónica?

....

¿Con qué instrumentos se toca?

....

b. Lee ahora el texto sobre pop electrónico y comprueba tus respuestas.

Para el dolor

2 **a.** La canción que vas a escuchar se titula "Para el dolor" y habla de unos remedios especiales para el dolor. ¿Qué remedios conoces tú para el dolor? ¿Qué haces en las siguientes situaciones?

Te duele la cabeza: ....

Te duele el cuerpo: ....

Te duele el estómago: ....

Te duelen las muelas: ....

Te duele la garganta: ....

Te sientes triste: ....

3 **a.** ¿Para qué problemas de salud creéis que sirven las siguientes plantas y alimentos? Habla con un compañero.

| la albahaca | la menta | la naranja | la cebolla | el limón | el té |

– Creo que el limón es bueno para el resfriado.

– Sí, y la naranja también, ¿no?

b. Ahora lee el texto y completa las fichas.

REMEDIOS CASEROS 100% NATURALES

El té: si se bebe como infusión es digestivo. Además, si se pone en bolsitas frías bajo los ojos, actúa como remedio contra las ojeras. También frío, empapado en algodones, combate las marcas de acné*.

La albahaca: tomada en infusión, la albahaca calma el dolor de cabeza. También ayuda a curar las picaduras de los insectos si se prepara de la siguiente manera: se machacan las hojas de albahaca para hacer una cataplasma y se aplica sobre las picaduras.

El limón: como la naranja, es rico en vitamina C, pero tiene además otros elementos curativos. Para el dolor de estómago es muy recomendable tomar una taza de té de hojas del limonero después de la comida y la cena. Para la infección de garganta conviene hacer gárgaras* varias veces al día con el zumo de dos o tres limones. Contra la gripe se recomienda hacer una infusión de corteza de limón y beberla antes de acostarse.

La menta: la menta es buena para todo tipo de infecciones y dolores. Por ejemplo, para el dolor de oído se puede preparar un jugo de hojas de menta con agua y miel y echar unas gotitas en el oído varias veces al día. Para el dolor de muelas es recomendable lavarse la boca con una infusión de menta.

La naranja: además de vitamina C, tiene calcio, fósforo, hierro y otros minerales. Tomar un vaso de zumo de naranja en el desayuno ayuda a prevenir el resfriado y la bronquitis.

La cebolla: es una de las plantas más beneficiosas por sus propiedades nutritivas y curativas. Por ejemplo, para calmar el dolor que produce el reuma se puede poner un paño caliente con el jugo de una cebolla sobre la zona dolorida. También sirve para quitar las manchas de la cara: se deja la cebolla en vinagre durante 4 o 5 días y se aplica con algodón sobre las manchas. Para las migrañas se recomienda aplicar una cataplasma de cebolla cruda en la frente y las sienes.

***acné:** enfermedad de la piel que provoca granos e inflamaciones en la cara, sobre todo en los adolescentes.

***gárgara:** acción de mantener un líquido en la garganta, con la boca hacia arriba, sin tragarlo y expulsando el aire.

BELLEZA

Problema	Remedio	Cómo se aplica
Ojeras	Té frío	Poner bolsitas debajo de los ojos
Marcas de acné	....	
....	....	Remojar en vinagre 4 o 5 días y aplicar con un algodón

INSECTOS

Problema	Remedio	Cómo se aplica
Picaduras	....	....

PREVENCIÓN DE ENFERMEDADES

Problema	Remedio	Cómo se aplica
....	....	Beber un vaso en el desayuno

INFECCIONES Y FIEBRE

Problema	Remedio	Cómo se aplica
Gripe	....	....
....	....	Hacer gárgaras con zumo varias veces al día

DOLORES

Problema	Remedio	Cómo se aplica
....	Hojas de limonero	....
Migraña	....	
....	....	Echar unas gotas en el oído
Dolor de muelas	....	....
....	Albahaca	....
....	....	Poner un paño caliente con el jugo sobre la zona

4 Redacta otros dos remedios caseros que conozcas. Los siguientes recursos pueden resultarte útiles.

Para...	es conveniente...	La albahaca ayuda a...
Contra...	es bueno...	calma...
Si te duele...	es recomendable...	combate...
	se recomienda...	
	un buen remedio es...	
	se puede utilizar...	
	lo mejor es...	

....

....

MIENTRAS ESCUCHAS

PRIMERA AUDICIÓN

 1 Escucha la canción. ¿Trata del dolor físico? ¿Qué palabras o expresiones te ayudan a saberlo? Habla con tu compañero.

SEGUNDA AUDICIÓN

 1 a. Escucha la canción. ¿Cuáles de estos dolores aparecen en la canción?

el desamor	la soledad	la ausencia	la tristeza	la pena	la espera
la frustración	lo que has perdido		la duda	el dolor profundo	

b. ¿En qué orden? Numera la lista anterior.

2 En parejas, pensad en remedios para cada uno de estos dolores y escribidlos como en el ejemplo. Luego comentadlos con vuestros compañeros.

– Para el desamor, es recomendable hablar con un buen amigo.

– Para la soledad, lo mejor es leer un buen libro.

....

....

CLASE DE MÚSICA Para el dolor

TERCERA AUDICIÓN

1 a. A continuación aparecen todos los dolores de la canción y los remedios que se recomiendan para combatirlos. Antes de volver a escuchar la canción, intenta reconstruirlos uniendo un elemento de cada columna.

– Para el dolor profundo, una mano azul que te acaricie las penas.

Para la soledad	una mirada rosa	que te acaricie las penas
Para la pena negra	un buen sillón	que mate el miedo
Para la espera	mucha gozadera*	que te recuerde lo hermosa que eres tú
Para la duda oscura	cualquier color	que te recoja
Para el dolor del mundo	una mano azul	que te cuide
Para el dolor profundo	tus ojos limpios	que te cure
Para lo que has perdido	el beso dulce de esta canción	que separe lo falso y lo verdadero
	un clavo ardiendo	que pinte a los hombres con mucho amor
		que te devuelva el hilo
		que ilumine la noche
		que te dé luz

*Gozadera: en Cuba, fiesta

b. Escucha la canción y comprueba.

2 Compara los remedios de la canción con vuestras respuestas de la actividad 2. ¿Coinciden algunos? De los que no coinciden, ¿cuáles os gustan más? ¿Por qué? Habla con tu compañero.

DESPUÉS DE ESCUCHAR

1 ¿Te ha gustado la canción? ¿Te gusta algún remedio especialmente?

....

....

....

2 a. Encuentra en la canción las palabras que significan:

1. tocar algo con la mano suavemente y con ternura: ....

2. tristeza(s): ....

3. bonito, bello: ....

4. dar a su dueño algo que se había tomado de él: ....

5. estropeado, que no funciona: ....

6. ser consumido por el fuego: ....

7. pieza pequeña de metal que termina en punta y se utiliza para unir dos cosas:

....

b. **¿Sabes a qué se refiere la expresión** un clavo ardiendo? **¿Cómo interpretas el verso** Para la duda oscura, un clavo ardiendo? **¿Existe una expresión similar en tu lengua? Habla con tus compañeros y utiliza un diccionario.**

3 a. **Marca con un color los verbos que aparecen en presente de indicativo y con otro los que están en presente de subjuntivo. Escribe los infinitivos de cada uno.**

....

....

b. **¿Por qué crees que se utiliza el subjuntivo en esas frases? Habla con tus compañeros y con tu profesor.**

4 **Redacta un texto titulado "Tres remedios caseros para los males del alma". Para ello, vuelve a leer el texto de la actividad 2 de la sección Antes de escuchar y repasa tus respuestas a la actividad 2 de la sección Segunda audición. Puedes reutilizar vocabulario que aparece en él y aplicarlo a los remedios del alma. Al final, entre todos, escribid el "Libro de los remedios para las cosas importantes".**

– Para la soledad, una buena dosis de gozadera un día la semana, baños de música e infusiones de risa tres veces al día.

....

....

....

....

....

....

....

5 a. **En grupos de tres, investigad en las páginas web de los músicos y grupos que se mencionan en el texto sobre pop electrónico. Buscad también vídeos en Internet y escoged una canción que os guste. Tomad notas y presentádsela al resto de la clase. ¿Cuál es la canción que más éxito tiene?**

b. **¿Es el pop electrónico un género de moda en tu país? ¿Cuáles son los artistas más importantes? Habla con tus compañeros.**

CLAVES PARA EL PROFESOR

Actividades comunicativas de la lengua	Comprensión auditiva, comprensión de lectura, interacción oral, expresión oral, expresión escrita.
Léxico	Dolores y enfermedades, remedios caseros, partes del cuerpo, plantas medicinales, sentimientos.
Funciones	Hacer recomendaciones, presentar una canción.
Gramática	Uso del indicativo y el subjuntivo en oraciones de relativo.
Conocimientos socioculturales	El pop electrónico, remedios caseros.

ANTES DE ESCUCHAR

"Para el dolor" es una canción melódica de pop electrónico que propone remedios para los dolores del alma. El objetivo de esta fase es que los alumnos se familiaricen con el pop electrónico, sus características fundamentales y algunos de sus principales representantes a día de hoy. Asimismo se hace una primera introducción al léxico de la salud y los remedios caseros.

En la **actividad 1** se activan los conocimientos de los alumnos sobre la música electrónica y se invita a ampliarlos con la lectura de los textos introductorios. En la **unidad 2** se introduce el tema de la canción a partir de las experiencias de los alumnos: qué remedios emplean ellos para problemas comunes de salud. De esta manera se trabaja asimismo la forma de hablar de remedios, que aparece más tarde en la canción. En la **actividad 3** se expone a los alumnos a un tipo de texto que les servirá como modelo para elaborar uno propio al final de la unidad: una descripción de la aplicación medicinal de diversas plantas y productos naturales. Se trabaja la comprensión de lectura, que se prepara con una actividad previa en la que los alumnos elaboran hipótesis sobre los remedios de los que trata el texto. Al final deben completar una tabla con los problemas, sus remedios y las formas de aplicación de los mismos. En la **actividad 4** se propone una actividad de expresión escrita en la que los alumnos reutilizan los recursos del texto para formular sus propios remedios caseros.

1 Respuesta abierta.

2 Respuesta abierta.

3 **a.** Respuesta abierta.

b.

BELLEZA		
Problema	**Remedio**	**Cómo se aplica**
Ojeras	Té frío	Poner bolsitas debajo de los ojos
Marcas de acné	Té frío	Aplicar con un algodón empapado
Manchas en la cara	Cebolla	Remojar en vinagre 4 o 5 días y aplicar con un algodón

INSECTOS

Problema	Remedio	Cómo se aplica
Picaduras	Albahaca	Machacar las hojas y aplicar como cataplasma

PREVENCIÓN DE ENFERMEDADES

Problema	Remedio	Cómo se aplica
Resfriado y bronquitis	Naranja	Beber un vaso de zumo en el desayuno

INFECCIONES Y FIEBRE

Problema	Remedio	Cómo se aplica
Gripe	Corteza de limón	Beber una infusión antes de acostarse
Infección de garganta	Limón	Hacer gárgaras con zumo varias veces al día

DOLORES

Problema	Remedio	Cómo se aplica
Dolor de estómago	Hojas de limonero	Beber una infusión después de la comida y la cena
Migraña	Cebolla	Aplicar una cataplasma en la frente y las sienes
Dolor de oído	Jugo de hojas de menta con miel	Echar unas gotas en el oído
Dolor de muelas	Menta	Lavarse la boca con una infusión
Dolor de cabeza	Albahaca	Beber una infusión
Dolor por reuma	Cebolla	Poner un paño caliente con el jugo sobre la zona

c. Respuesta abierta.

MIENTRAS ESCUCHAS

PRIMERA AUDICIÓN

El objetivo de esta fase es que los alumnos se den cuenta de que la canción utiliza el lenguaje de la salud y los remedios para hablar de un dolor emocional, psíquico, del alma, etc., no físico. Se propone por lo tanto una escucha global en la que los alumnos pueden activar sus conocimientos del mundo y su bagaje personal, así como estrategias que les permitan reconocer palabras o expresiones que los lleven a esta conclusión. Tenga en cuenta que hay muchas respuestas posibles, así como formas de expresarlas. Anime a los alumnos a justificar las suyas.

SEGUNDA AUDICIÓN

En esta segunda audición no es necesario que reproduzca la canción entera; es suficiente reproducirla hasta la estrofa número 4. En esta sección, en la **actividad 1**, los alumnos deberán realizar una audición selectiva para discriminar una serie de frases que aparecen en la canción y numerarlas según su orden de aparición. Es posible que para la numeración necesiten volver a escuchar la canción. En la **actividad 2** los alumnos aplican los recursos trabajados para formular remedios propios contra los dolores del alma. Esta actividad servirá a su vez no solo como anticipación de la siguiente actividad de comprensión auditiva, sino también como base para la actividad de redacción final.

1 **a.** la soledad, la pena, la espera, lo que has perdido, la duda, el dolor profundo.

b. para el dolor profundo 1, para lo que has perdido 2, para la pena negra 3, para la espera 4, para la soledad 5, para la duda oscura 6.

2 **a.** Respuesta abierta.

TERCERA AUDICIÓN

En esta fase se realizarán dos actividades. En la **actividad 1** se muestran los dolores y remedios que aparecen en la canción, pero de forma desordenada, para que los alumnos establezcan las correspondencias que consideren correctas o posibles. En la **actividad 2** se les muestra la letra incompleta para que ellos la completen. Luego escuchan la canción y comprueban si sus respuestas coinciden con las propuestas de la canción. Los alumnos han trabajado así en la primera actividad con el contenido de la canción y tienen ahora la posibilidad de hacer una corrección parcial. En la **actividad 2** se invita a los alumnos a comparar las propuestas de la canción con las suyas propias. Es importante que usted corrija solo las faltas de cohesión morfosintáctica pero dé cabida a propuestas que, si bien tal vez no aparecen en la canción, pueden ser correctas desde el punto de vista semántico y gramatical, así como dar pie a nuevas metáforas.

1 **a.** Respuesta abierta.

b. Véase la letra de la canción.

2 Respuesta abierta.

Las actividades de esta fase explotan los componentes léxico, ortográfico y gramatical de la letra de la canción, y terminan con actividades de carácter más abierto centradas en la expresión escrita y oral. La **actividad 1** invita simplemente a los alumnos a emitir una valoración personal sobre la canción, es decir, se centra en el valor estético del texto. La **actividad 2** se centra en el léxico. Se proporciona un sinónimo o la explicacion de algunas de las palabras que pueden plantear dificultad para que los alumnos las encuentren en la letra de la canción.

La **actividad 3** invita a los alumnos a observar y reflexionar sobre el uso del indicativo y del subjuntivo en oraciones de relativo, ya que aparece en muchas ocasiones a lo largo de la canción. Si lo considera conveniente, puede repasar este aspecto gramatical más en profundidad. La **actividad 4** propone a los alumnos que reutilicen gran cantidad de los recursos que han aparecido a lo largo de la unidad para elaborar un texto propio de remedios, pero esta vez para el alma. Explíqueles que pueden trabajar libremente y basarse bien en la estructura del texto sobre los remedios caseros, bien en la de la canción, bien en otra que ellos mismos ideen. Por último, la **actividad 5** se centra en ampliar los contenidos socioculturales a través de un proyecto de investigación en internet por grupos y la presentación de los resultados.

1 Respuesta abierta.

2 **a.** 1. acariciar, 2. pena(s), 3. hermoso, 4. devolver 5. roto, 6. arder, 7. clavo.

b. agarrarse a un clavo ardiendo: valerse de cualquier recurso, aunque sea difícil o arriesgado, para salvarse de un peligro, evitar un mal o conseguir otra cosa.

3 **a.** Indicativo: eres (ser), has perdido (perder), estás (estar), llevas (llevar)
Subjuntivo: acaricie (acariciar), dé (dar), recuerde (recordar), devuelva (devolver), recoja (recoger), cuide (cuidar), cure (curar), ilumine (iluminar), mate (matar), separe (separar), pinte (pintar).

b. Se utiliza el subjuntivo en oraciones de relativo porque el hablante se refiere a algo cuya existencia o identidad concreta desconoce.

4 Respuesta abierta.

5 Respuesta abierta.

Para el dolor

Para el dolor profundo, una mano azul
que te acaricie las penas y te dé luz
y te dé luz y te dé luz
y te recuerde lo hermosa que eres tú.

Para lo que has perdido, mirada rosa
que te devuelva el hilo y te recoja
y te recoja y te recoja
y te cuide y te cure cuando estás rota.

Para la pena negra, tus ojos limpios.
Para la espera, un buen sillón.
Para la soledad, mucha gozadera
y el beso dulce de esta canción.

Para la duda oscura, un clavo ardiendo
que ilumine la noche y mate el miedo
y mate el miedo y mate el miedo
y separe lo falso y lo verdadero.

Para la pena negra, tus ojos limpios.
Para la espera, un buen sillón.
Para la soledad, mucha gozadera
y el beso dulce de esta canción.

Para el dolor del mundo, cualquier color
que pinte a los hombres con mucho amor,
con mucho amor, con mucho amor
como el que llevas muy dentro del corazón.

Para la pena negra, tus ojos limpios.
Para la espera, un buen sillón.
Para la soledad, mucha gozadera
y el beso dulce de esta canción.

Para la pena negra,
para la espera,
para la soledad, mucha gozadera.

Para la pena negra,
para la espera,
para la soledad, mucha gozadera
y el beso dulce de esta canción.

Para la soledad, mucha gozadera
y el beso dulce de esta canción.

SALE EL SOL

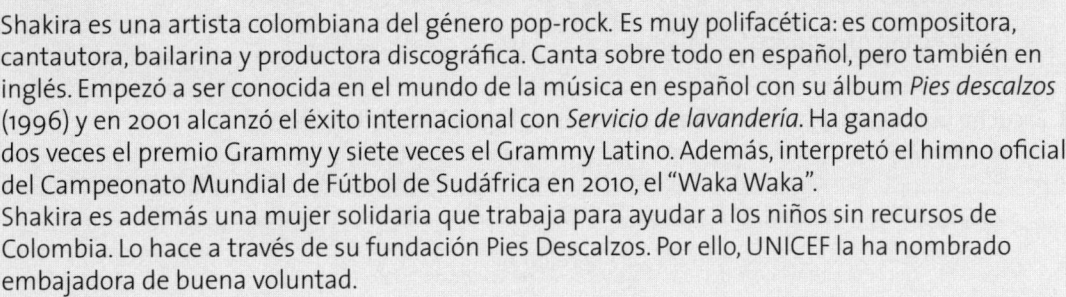

Autora: Shakira Isabel Mebarak Ripoll (Shakira)

País: Colombia

Año: 2011

Álbum: *Sale el sol*

Discográfica: Epic Records, Sony Music Latin

Género: pop latino

Nivel: B1

Shakira

Shakira es una artista colombiana del género pop-rock. Es muy polifacética: es compositora, cantautora, bailarina y productora discográfica. Canta sobre todo en español, pero también en inglés. Empezó a ser conocida en el mundo de la música en español con su álbum *Pies descalzos* (1996) y en 2001 alcanzó el éxito internacional con *Servicio de lavandería*. Ha ganado dos veces el premio Grammy y siete veces el Grammy Latino. Además, interpretó el himno oficial del Campeonato Mundial de Fútbol de Sudáfrica en 2010, el "Waka Waka".
Shakira es además una mujer solidaria que trabaja para ayudar a los niños sin recursos de Colombia. Lo hace a través de su fundación Pies Descalzos. Por ello, UNICEF la ha nombrado embajadora de buena voluntad.

El pop-rock latino

El pop-rock latino es un género musical que combina elementos del rock y del pop con los ritmos musicales típicos de América Latina (merengue, bachata, rumba, bossa nova, cumbia, etc.). Las canciones tienen una estructura sencilla, melodías pegadizas y un estribillo. Los instrumentos fundamentales son la guitarra eléctrica y el teclado.
Otros artistas de este género son: Enrique Iglesias, Alejandro Sanz, Miguel Bosé (España); Paulina Rubio, Julieta Venegas (México) Chayanne, Ricky Martin (Puerto Rico); Juanes (Colombia).

ANTES DE ESCUCHAR

1 a. Antes de leer la biografía de Shakira, vamos a ver qué sabes de ella. Responde a las siguientes preguntas.

- ¿De qué país es? ....
- ¿A qué género musical se dedica? ....
- ¿Conoces alguna canción suya? ¿Cuál? ....

b. Ahora lee su biografía y comprueba tus respuestas.

2 La canción que vas a escuchar se titula "Sale el sol". ¿De qué crees que trata?

....

....

....

CLASE DE MÚSICA Sale el sol

PRIMERA AUDICIÓN

1 En parejas, responded a las siguientes preguntas.

- ¿Cuándo sale el sol en tu país? ¿Cuándo se pone? ¿Cambia el horario según las estaciones?
- ¿Qué crees que significa que en la vida de una persona sale el sol?
- ¿Cómo se dice en tu lengua **Sale el sol** y **El sol se pone**? ¿Tienen algún significado metafórico?

2 Escucha la canción. ¿Cuál es la frase que más se repite? ¿Cuántas veces la escuchas?

SEGUNDA AUDICIÓN

1 Escucha de nuevo la canción. ¿Qué otras frases o palabras entiendes? Compara tus respuestas con la de tu compañero.

2 En la letra aparecen varios dichos y frases hechas. En parejas, leed los ejemplos de la columna de la izquierda e intentad relacionar cada uno con su significado de la derecha.

1. Cuando Manuel y Enrique están jugando al ordenador, se olvidan de todo. **Las horas les parecen minutos**.	**A.** Después de una situación difícil viene un periodo de tranquilidad.
2. En clase de economía me aburro muchísimo. **Los minutos me parecen horas**.	**B.** Muchas veces ocurren cosas inesperadas.
3. He hecho tantos exámenes este año que **he perdido la cuenta**.	**C.** Cuando algo se repite mucho, es difícil saber cuántas veces ha sucedido.
4. El fin de semana discutí con Enrique sin parar. Pero **después de la tempestad vino la calma**.	**D.** Las desgracias no duran eternamente.
5. Lo que te digo es tan cierto como que **uno y uno son dos**.	**E.** El tiempo pasa muy despacio.
6. Pensé que ya no vería a Carlos, pero de pronto apareció delante de mí. **Cuando menos lo piensas, salta la liebre**.	**F.** El tiempo pasa muy rápido.
7. ¡Qué temporada tan mala! En el trabajo, en casa... Por suerte, **no hay mal que cien años dure**.	**G.** Hay hechos claros e indiscutibles.

TERCERA AUDICIÓN

 1 Escucha de nuevo la canción y completa el estribillo:

> *Y un día* ....
> *de la* ....
> *cuando menos piensas* ....
> *De tanto sumar* ....
> ....
> *porque* .... *no siempre son* ....
> *Cuando menos piensas*..
> *Cuando menos piensas*..

2 a. Por parejas, unid cada enunciado de la izquierda con su continuación.
Ojo, algunas de las frases de la derecha sobran.

Estas semanas sin verte...	...adelante.
Tanto te quise besar...	...me parecieron años.
Te lloré hasta el extremo...	...saltó la liebre.
	...que me duelen los labios.
	...de lo que era posible.
	...perderás la cuenta.

b. Escuchad la canción de nuevo y comprobad si vuestras respuestas son correctas.

c. ¿Puedes expresar las frases anteriores de otra forma? Escríbelas aquí.

....
....
....

DESPUÉS DE ESCUCHAR

1 ¿Cuáles de estos sentimientos crees que están presentes en la canción?
¿En qué lugares de la canción se expresan?

| amor | esperanza | odio | dolor | tristeza | optimismo | pesimismo |

....
....

2 ¿Qué cosas de la canción te gustan y qué cosas no te gustan? Completa la tabla y habla luego con tu compañero.

	me gusta	no me gusta	porque...
la música			
la letra	X		*es muy romántica.*
la voz de Shakira			
el ritmo			
....			

3 En parejas, escribid frases para explicar qué le ha ocurrido a la protagonista de la canción. Podéis utilizar los siguientes recursos.

Estaba triste porque...

Estaba enamorada de...

Estaba enfadada con...

Se sentía...

pero después...

y entonces...

y de repente...

pero un día...

– Se sentía sola y triste, pero un día conoció a un chico maravilloso y todo cambió.

4 ¿Qué otras expresiones de sentimientos y estado de ánimo conoces? Escríbelas y luego compara tu lista con la de los otros compañeros.

5 Vais a escribir un correo electrónico por parejas. Imaginad que la persona que amáis os ha abandonado o hace mucho tiempo que no sabéis nada de ella. Podéis utilizar las expresiones de la canción para expresar sentimientos.

6 En grupos de tres, buscad en internet un vídeo de algún intérprete de pop latino. Buscad después información sobre él o ella y presentad el vídeo a la clase con una pequeña explicación sobre el artista y la canción.

CLAVES PARA EL PROFESOR

Actividades comunicativas de la lengua	Comprensión auditiva, comprensión de lectura, interacción oral, expresión oral, expresión escrita, mediación.
Léxico	Emociones y sentimientos, el tiempo, algunos dichos y refranes.
Funciones	Expresar emociones, narrar hechos del pasado, emitir un juicio sobre una canción, presentar a un músico.
Conocimientos socioculturales	El pop-rock latino, fraseología en español, Shakira.

ANTES DE ESCUCHAR

El objetivo de esta fase es activar en los alumnos sus conocimientos previos sobre Shakira y el pop-rock latino para contextualizar la canción que escucharán inmediatamente.

1 **a.** De Colombia. Pop-rock latino. Respuesta abierta.

b. Respuesta abierta.

2 Respuesta abierta.

MIENTRAS ESCUCHAS

En esta etapa se contemplan tres fases de trabajo que corresponden a tres formas diferentes de escuchar un texto oral. En la primera se propone un acercamiento global al tema de la canción; la segunda incluye propuestas que activan el conocimiento del alumno y profundizan en la fraseología del texto; en la tercera se realiza un trabajo de reconstrucción e interpretación de algunos fragmentos del texto.

PRIMERA AUDICIÓN

La actividad 1 se centra en los significados literal y metafórico de las expresiones **Sale el sol** y **El sol se pone**, así como en sus equivalentes en otras lenguas. Puede realizarse en pareja, si bien es conveniente hacer después una puesta en común en clase abierta. En **la actividad 2** los alumnos escuchan por primera vez la canción para reconocer la frase más repetida, que coincide con el título.

1 Respuesta abierta.

2 Sale el sol (9 veces).

SEGUNDA AUDICIÓN

La actividad 1 es una propuesta de escucha general y personalizada, en la que los alumnos intentan reconocer palabras o expresiones que ya conocen. Es importante que los alumnos se centren en lo que ya saben, puesto que este conocimiento previo los ayudará a comprender el nuevo texto. **La actividad 2** propone un trabajo guiado sobre la fraseología utilizada en la canción. Está concebida para que los alumnos, a través de ejemplos contextualizados, puedan sortear las dificultades de comprensión de los dichos y frases hechas de uso común en castellano.

1 Respuesta abierta.

2 1. F, 2. E, 3. C, 4. A, 5. G, 6. B, 7. D.

TERCERA AUDICIÓN

En la actividad 1 se propone a los alumnos que escuchen y completen el estribillo, para lo cual podrán reactivar el léxico sobre el que han trabajado en la actividad anterior. En la **actividad 2** los alumnos deben poner en marcha sus conocimientos morfosintácticos, léxicos y textuales para completar algunas frases que aparecen en la canción y que están relacionadas con el tema principal. A continuación comprueban sus hipótesis escuchando de nuevo la canción y reescriben las tres frases escogidas con sus propias palabras.

Para terminar esta sesión puede repartir la letra de la canción y escucharla una vez más para resolver las dudas que aún tengan sus alumnos.

1 Y un día después
de la tormenta
cuando menos piensas sale el sol.
De tanto sumar
pierdes la cuenta
porque uno y uno no siempre son dos.
Cuando menos piensas
sale el sol.
Cuando menos piensas
sale el sol.

2 a. Estas semanas sin verte me parecieron años. / Tanto te quise besar que me duelen los labios. / Te lloré hasta el extremo de lo que era posible.

b. Respuesta abierta.

c. Posibles respuestas:
El tiempo ha pasado muy despacio estas semanas porque no te he visto.
Tenía muchísimas ganas de besarte.
Lloré todo lo que pude.

DESPUÉS DE ESCUCHAR

En esta sección se proponen actividades en las que el alumno puede tomar partido expresando su opinión, a la vez que se toma la letra de la canción como base para realizar actividades de producción más libre, tanto oral como escrita, centradas en la expresión de sentimientos y estados de ánimo. Para finalizar, se propone una actividad en Internet centrada en el desarrollo de la competencia sociocultural. En la **actividad 1** se invita a interpretar el contenido de la canción a partir de varios sustantivos relacionados con los sentimientos. Es importante que acepte varias respuestas, ya que la impresión que producirá la canción sobre sus alumnos variará de unos a otros. En la **actividad 2** los alumnos expresan su opinión sobre la canción. Puede animarlos a justificar su respuesta y a opinar sobre este género musical. En la **actividad 3** se les propone que reconstruyan la historia a partir de ciertas expresiones dadas. La **actividad 4** se centra en repasar y ampliar el léxico de los sentimientos. La **actividad 5** supone una reflexión gramatical en la que los alumnos reconocen aquellas expresiones que se refieren al pasado y las que se refieren al presente (o a un presente atemporal). Tanto en esta actividad como en la 3, usted puede decidir profundizar, si lo considera conveniente, en el uso de los tiempos verbales. La **actividad 6** tiene un carácter más abierto y propone la práctica de la expresión escrita sobre el tema del que trata la canción. Si lo considera necesario, esta actividad se puede hacer de forma individual fuera del aula. Es conveniente, sin embargo, que los textos escritos se pongan en común en clase. Si lo desea, puede proponer también un concurso de correos electrónicos. La **actividad 7**, por último, propone un trabajo cooperativo de investigación en internet para ampliar los conocimientos de la clase sobre el pop latino. Mediante la puesta en común y la presentación de cada grupo se trabajan tanto la expresión oral como la competencia sociocultural.

1 Respuesta abierta.

2 Respuesta abierta.

3 Respuesta abierta.

4 Respuesta abierta.

5

Pasado	Presente
Estas semanas sin verte me parecieron años.	(Cuando menos piensas) sale el sol.
Tanto te quise besar...	...que me duelen los labios.
El miedo nos hizo cometer estupideces.	De tanto sumar, pierdes la cuenta.
Nos dejó sordos y ciegos tantas veces.	Uno y uno no siempre son dos.
Te lloré hasta el extremo de lo que era posible, cuando creía que era invencible.	No hay mal que dure cien años ni cuerpo que lo aguante.
	Y lo mejor siempre espera.

6 Respuesta abierta.

7 Respuesta abierta.

Sale el sol

Estas semanas sin verte
me parecieron años.
Tanto te quise besar
que me duelen los labios.
Mira que el miedo nos hizo
cometer estupideces.
Nos dejó sordos y ciegos
tantas veces.

Y un día después
de la tormenta,
cuando menos piensas, sale el sol.
De tanto sumar
pierdes la cuenta
porque uno y uno no siempre son dos.
Cuando menos piensas
sale el sol.

Te lloré hasta el extremo
de lo que era posible,
cuando creía que era invencible.
No hay mal que dure cien años
ni cuerpo que lo aguante
y lo mejor siempre espera
adelante.

Y un día después
de la tormenta,
cuando menos piensas, sale el sol.
De tanto sumar
pierdes la cuenta
porque uno y uno no siempre son dos.
Cuando menos piensas
sale el sol.
Cuando menos piensas
sale el sol.

Y un día después
de la tormenta,
cuando menos piensas, sale el sol.
De tanto sumar
pierdes la cuenta
porque uno y uno no siempre son dos.

Y un día después,
y un día después
sale el sol.

Y un día después
de la tormenta,
cuando menos piensas, sale el sol.
De tanto sumar
pierdes la cuenta
porque uno y uno no siempre son dos.
Cuando menos piensas
sale el sol.

EL KITAPENA

Autor: Manu Chao

País: Francia y España

Año: 2007

Álbum: *La Radiolina*

Discográfica: Because Music

Género: música mestiza

Nivel: B1

Manu Chao

José-Manuel Thomas Arthur Chao (conocido como Manu Chao) nació en 1961 en París, Francia, de padre gallego y madre vasca. A los 14 años formó su primer grupo, Joint de Culasse, con su hermano y su primo, y más tarde, en 1987, el grupo Mano Negra. Con ellos empezó a componer y a tocar una música que era al mismo tiempo punk (por la actitud provocadora) y bailable (por los ritmos de origen latinoamericano) y que Manu Chao llamó "patchanka". En 1998 empezó su carrera en solitario con su disco *Clandestino*. Manu Chao canta principalmente en español, francés e inglés, y a menudo combina varios idiomas en la misma canción. Su música tiene influencia del rock, la *chanson* francesa, la salsa, el raï argelino, el reggae y el ska. Sus letras tratan sobre temas sociales (la libertad, un mundo sin fronteras o los derechos de los emigrantes, por ejemplo), medioambientales y amorosos.

La música mestiza

La música mestiza surge por efecto de la globalización y la migración. Engloba a músicos de muchos países influidos por la actitud vital y musical de la patchanka que popularizó Mano Negra. En cada uno de sus temas mezclan ritmos muy diferentes (rock, reggae, salsa, heavy, punk, merengue, rancheras, ska, raï, flamenco, música gitana, etc.) y les dan una unidad. Además, reivindican la fiesta y la música en la calle, y muchas de sus letras contienen mensajes sociales y de lucha en favor de un mundo más solidario. Algunos grupos de música mestiza son Maldita Vecindad y El Gran Silencio (México); Ché Sudaka, Macaco y Amparanoia (España); Los Fabulosos Cadillacs (Argentina); Aterciopelados (Colombia).

ANTES DE ESCUCHAR

1 a. Antes de leer el texto sobre Manu Chao contesta estas preguntas.

¿Conoces a Manu Chao y alguno de sus temas? ¿Cuál?

....

¿Te gusta su música? ¿Conoces a otros músicos parecidos?

....

b. Ahora lee el texto sobre música mestiza y marca si las siguientes afirmaciones son verdaderas o falsas.

	V	F
1. Es una mezcla de punk y heavy.	☐	☐
2. El origen es la patchanka del grupo Mano Negra.	☐	☐
3. Cada tema está compuesto en un ritmo diferente.	☐	☐
4. Las letras son generalmente de tema social.	☐	☐

CLASE DE MÚSICA   El kitapena

2 a. La canción que vas a escuchar se llama "El kitapena". Lee este texto acerca de los quitapenas. ¿Existe algo similar en tu cultura? Busca imágenes en internet.

....

....

....

Los quitapenas son unos muñequitos muy pequeños, de 15 a 50 mm, muy populares en la cultura guatemalteca. Están fabricados a mano con alambre y algodón. Se venden en todas las ferias y mercados. Tienen una función entre mágica y psicológica. Si una persona no puede dormir por sus problemas, se los cuenta al muñeco y lo guarda bajo la almohada antes de acostarse. La creencia popular es que el muñeco se preocupa por el problema y la persona puede dormir tranquilamente. Cuando se despierta, ya no se preocupa por sus problemas porque el quitapenas se los ha quedado.

b. ¿Qué haces tú cuando tienes un problema? Habla con tu compañero.

3 ¿De qué crees que va a tratar la canción? Escríbelo aquí.

....

....

MIENTRAS ESCUCHAS

PRIMERA AUDICIÓN

1 Escucha la canción. ¿Qué o quién es el kitapena del protagonista? ¿Por qué lo sabes?

....

2 ¿Te gusta la canción (la música, la voz, el ritmo, etc.)? Escoge una o varias de estas respuestas o añade tú otras. Luego habla con tu compañero.

Es muy alegre.	No soporto que sea tan repetitiva.	Es bastante divertida.
Lo que más me gusta es el ritmo.	Es sencilla, pero no está mal.	Me parece estupenda.
Tiene mucho ritmo.	Me dan ganas de bailar.	Me pone un poco nervioso.

SEGUNDA AUDICIÓN

1 a. A continuación aparecen los elementos que forman las oraciones de la canción. Escucha de nuevo y une los elementos para formar al menos cinco frases que aparecen en ella. Puedes utilizar elementos de las tres columnas o solo de la primera y la tercera.

vivir cantar	sin ti así *pa'* ti contigo aquí allí	es vivir muriendo no lo recomiendo es morir queriendo son mis peticiones es clavarme espinas es mi *drogaruina*** es mi *kitapena* es solo desilusiones

***Pa'** = para
****Drogaruina** = (palabra inventada por Manu Chao a partir de droga + ruina)

b. ¿Qué sentimientos expresan estas frases? Habla con tu compañero.

alegría desprecio	desesperación contradicción	melancolía tristeza	pasión ....

TERCERA AUDICIÓN

1 a. Sin mirar la actividad anterior ni escuchar la canción, intenta completar de memoria estos versos con las palabras que aparecen en el recuadro.

vivir	morir	cantar	sigo	mis	mi	peticiones	espinas

.... *sin ti es* .... *muriendo,*
.... *así no lo recomiendo*
y así que así yo .... *insistiendo,*
.... *sin ti es* .... *queriendo*

.... *pa' ti son mis* ....
.... *bendiciones y condiciones,*
.... *sin ti es solo desilusiones,*

.... *pa' ti es clavarme* ....
.... *sin ti es* .... *drogaruina.*

b. Ahora escucha la canción y comprueba.

DESPUÉS DE ESCUCHAR

1 a. ¿Sabes qué es una espina? Busca la definición en el diccionario.

b. ¿Qué crees que significa la expresión clavarse una espina?

- **1.** causarse dolor a uno mismo
- **2.** darse un golpe
- **3.** poner un clavo en la pared

c. ¿Existe esta imagen en tu lengua? Habla con tu compañero.

2 a. Aquí tienes fragmentos de poemas y canciones populares. ¿Cuáles de ellos expresan una contradicción similar?

1. En el corazón tenía
la espina de una pasión.
Logré arrancármela un día,
ya no siento el corazón.

Antonio Machado

2. Ni contigo ni sin ti
tienen mis males remedio.
Contigo porque me matas
y sin ti porque me muero.

Copla popular, anónima

3. Los suspiros son aire y van al aire.
Las lágrimas son agua y van al mar.
Dime, mujer, cuando el amor se
olvida, ¿sabes tú adónde va?

Gustavo Adolfo Bécquer

4. Tengo urgencia de oírte,
alegría de oírte,
buena suerte de oírte
y temores de oírte.

Mario Benedetti

3 a. La palabra quitapena está compuesta por quitar y pena. ¿Qué palabras forman los siguientes compuestos? ¿Qué crees que significan?

quitamanchas: ....

sacacorchos: ....

rompecorazones: ....

pintalabios: ....

b. ¿Conoces otras palabras compuestas en español? ¿Y en tu lengua? Escribe al menos dos ejemplos.

En español	En mi lengua

c. ¿Se forman igual en tu lengua que en castellano? Habla con tus compañeros.

b. Con tu compañero, inventad dos palabras compuestas y su significado. Los demás deben adivinar qué palabras las forman y qué significan.

– Nuestra primera palabra es "limpiapesadillas".

– Yo creo que está formada por "limpiar" y "pesadillas" y que es un aparato que sirve para olvidar los malos sueños.

4 a. En la canción se repiten mucho los verbos vivir, morir y cantar. ¿Sabes qué sustantivo se deriva de cada uno? Escríbelo al lado.

vivir:..

morir: ....

cantar: ....

b. ¿De qué verbos se derivan los siguientes sustantivos? Completa la tabla y añade dos más.

comida	
	beber
sueño	
dibujo	
	trabajar
	baile
risa	
mirada	
	jugar
...	...
...	...

c. Escribe ahora una frase con cuatro de estos sustantivos y con cuatro infinitivos.

– Me encanta jugar al fútbol.

5 a. ¿Qué significa esta frase?

"Vivir sin ti es vivir muriendo"

1. Vivo con dolor si tú no estás.

2. Contigo, vivo sin alegría.

3. Vivo y muero al mismo tiempo cuando estamos juntos.

El kitapena

b. El gerundio, en este caso, indica cómo se realiza una acción. Lee las siguientes frases y reescríbelas sin gerundio.

Yo trabajo escuchando música: *Mientras trabajo, escucho música.*

Voy al trabajo andando:

En España, muchas familias comen viendo la televisión:

Una lengua se aprende hablando:

6 a. Señala en el texto los lugares en los que aparece un pronombre tras una preposición.

b. Completa las siguientes frases utilizando la preposición y el pronombre que aparecen al lado, en la forma correcta.

para + tú	*Cantar para ti es mi kitapena.*
sin + tú	No puedo vivir ....
para + ella para + yo	¿Este regalo es .... o ....?
con + nosotros	¿Por qué no quieres salir ....?
con + tú	Tengo ganas de trabajar ....
con + yo	¿Quieres venir .... a la piscina?

b. Con un compañero, escribe cinco mensajes de amor utilizando estas construcciones formadas por una preposición y un pronombre.

– *Sin ti no puedo respirar.*

....

....

....

....

....

7 Vamos a hacer un concurso de quitapenas. Para ello, repasad las respuestas que disteis a la actividad 3 de la sección Antes de escuchar y pensar en un posible quitapenas. Cuanto más original o divertido, mejor. Luego escribidlo en una cartulina (que podéis diseñar como queráis) y colgadlo en la clase o presentádselo a vuestros compañeros. ¿Cuáles son los quitapenas más divertidos, interesantes, originales, curiosos, etc.?

CLAVES PARA EL PROFESOR

Actividades comunicativas de la lengua	Comprensión oral, comprensión escrita, expresión e interacción orales.
Léxico	Palabras compuestas.
Funciones	Expresar sentimientos, ofrecer soluciones a una pena o un problema, valorar una canción.
Gramática	Derivación, usos del gerundio, preposición + pronombre.
Conocimientos socioculturales	La música mestiza, tradiciones de Guatemala (los quitapenas).

Nivel: B1

Duración aproximada: 2 horas

ANTES DE ESCUCHAR

Manu Chao es uno de los representantes más famosos de la música mestiza y ha llegado a gozar de fama internacional, por lo que es muy posible que muchos de sus alumnos conozcan canciones como "Clandestino". "El Kitapena" es una canción de carácter amoroso que recoge muchas de las características de este género musical: mensajes sencillos, letras repetitivas y palabras inventadas.

En la **actividad 1** se propone un trabajo de introducción a Manu Chao y la música mestiza, tanto previo como posterior a la lectura de los textos de introducción. En **la actividad 2** se trabaja sobre el título de la canción y la tradicicón guatemalteca del quitapena para que los alumnos entiendan el significado y origen de este término. Sería bueno que les mostrara una fotografía de los quitapenas. Asimismo, si le parece conveniente, puede llamar la atención de sus alumnos sobre la grafía **kitapena**, en lugar de **quitapena** y explicar que el uso de la **k** suele ser un rasgo juvenil y de rebeldía, pero también una forma de simplificar y unificar las muchas formas de representar el fonema **/k/**. Por este motivo se utiliza también a menudo en el lenguaje de los SMS. La **actividad 3**, por último, pretende anticipar el contenido de la canción dando la posibilidad a los alumnos de hacer hipótesis acerca de este.

1 **a.** Respuesta abierta.
b. respuesta abierta.
c. 1. F, 2. V, 3. F, 4. V.

2 Respuesta abierta.

3 **a.** Respuesta abierta.

MIENTRAS ESCUCHAS

PRIMERA AUDICIÓN

En esta fase sus alumnos escuchan la canción por primera vez y se les pide un acercamiento muy general. En la **actividad 1** se trata solo de que intenten responder a la pregunta de quién o qué es el quitapenas del que habla la canción. Aunque se dice: **cantar pa' ti es mi kitapena**, podría aceptar como válida la respuesta de que el kitapena es la persona amada. En la **actividad 2** se pide una valoración personal de los elementos puramente musicales, no lingüísticos, y para ello se proponen varios exponentes con los que describir la canción y expresar la impresión producida por la misma.

1 Respuesta abierta.

2 Respuesta abierta.

SEGUNDA AUDICIÓN

En este caso se propone una sola actividad compuesta por varios apartados. En ella se trabaja la estructura de los versos (**actividad 1**) y su significado. Para ello, los alumnos forman frases con los elementos de la canción antes de escuchar esta, haciendo uso de sus conocimientos morfosintácticos y léxicos, y comprueban escuchando la canción. Acepte las respuestas que sean correctas aunque no coincidan exactamente con los versos de la canción. En el **apartado b**, los alumnos relacionan los versos con los sentimientos que en su opinión expresan. Esto se hace en una dinámica de interacción oral, puesto que las respuestas pueden variar de un alumno a otro y ser perfectamente válidas en todos los casos. Anime a sus alumnos a justificar sus respuestas y a ampliar el léxico de emociones y sentimientos.

1 **a.** Respuesta abierta, puesto que hay muchas posibilidades.

   b. Melancolía, pasión, desesperación, contradicciones.

TERCERA AUDICIÓN

En esta última fase de la escucha, los alumnos ejercitan no solo sus conocimientos lingüísticos, sino también su memoria, ya que deben, en la **actividad 1**, intentar reconstruir los versos a partir de lo escuchado hasta ahora. Si les cuesta, tranquilícelos diciendo que van a escuchar la canción una tercera vez, en la **actividad 2**.

1 Véase la letra de la canción.

2 Véase la letra de la canción.

DESPUÉS DE ESCUCHAR

La **actividad 1** trabaja sobre el contenido léxico de la canción, en concreto sobre la expresión **clavarse espinas**, y propone no solo indagar en su significado sino también una reflexión acerca de imágenes similares que pueden existir en la lengua de los alumnos. Usted puede decidir si profundiza en las metáforas relacionadas con el amor y el dolor. A partir de este trabajo, en la **actividad 2** se apunta a una contradicción presente en la letra, el famoso **ni contigo ni sin ti**, y se muestran fragmentos de poemas y canciones populares en los que aparecen ideas similares, expresadas de otra forma. Los alumnos deben leerlas y reconocer aquellas en las que se trata este tema. En la **actividad 3** se aborda la composición de palabras. Se propone una reflexión sobre este tipo de compuestos, así como un análisis comparativo con la propia lengua y el mecanismo de formación de compuestos en ella. La actividad termina con una parte abierta en la que los alumnos pueden practicar la formación de compuestos de una forma lúdica y creativa. La **actividad 4** continúa con el trabajo léxico, pero se centra en este caso en la derivación y la formación de sustantivos a partir de verbos, y viceversa. La **actividad 5** tiene un carácter más gramatical y pretende explicar un fenómeno que los alumnos necesitarán comprender para entender el significado de la canción. Se trata del uso del gerundio como complemento circunstancial de modo. No se les pide en las actividades que produzcan lengua utilizando esta estructura, pero sí que interpreten y reescriban las frases en las que se utiliza. Si es necesario, ayúdelos en este punto. Cada frase puede tener una estructura completamente diferente, como se ve en las propuestas de solución. En la **actividad 6** se trabaja sobre otro tema gramatical, en concreto los pronombres seguidos de preposición. Recuerde a sus alumnos que los pronombres de primera y segunda persona de singular cambian a **mí** y **ti** tras una preposición (excepto **entre** y **con**; en este último caso se forman nuevos pronombres: **conmigo** y **contigo**). Por último, la **actividad 7** propone un concurso de quitapenas. Retomando las respuestas que dieron en la sección **Antes de escuchar**, anímelos a pensar en quitapenas originales o divertidos y a exponerlos o presentarlos ante el resto de la clase.

1 **a.** Espina: púa que sale del tallo de algunas plantas.

   b. c.

   c. Respuesta abierta.

2 **a.** Respuesta abierta.

   b. 1, 2 y 4.

3 **a.** **Quitamanchas**: quita + manchas: producto para limpiar las manchas más difíciles de la ropa.
    Sacacorchos: saca + corchos: utensilio para abrir las botellas que están cerradas con un corcho.
    Rompecorazones: rompe + corazones: persona que enamora con facilidad a otras.
    Pintalabios: pinta + labios: utensilio de maquillaje para pintar los labios.

   b. Respuesta abierta.

   c. Respuesta abierta.

4 **a.** Vida, muerte, canción/canto.

   b. comida-comer; bebida-beber, sueño-soñar, dibujo-dibujar, trabajo-trabajar, baile-bailar, risa-reír, mirada-mirar, juego-jugar.

   c. Respuesta abierta.

5 **a.** 1.

   b. Posibles respuestas:
Voy al trabajo a pie; En España, muchas familias ven la televisión mientras comen;
Para aprender una lengua hay que hablar.

   c. Respuesta abierta.

6 **a.** sin ti y *pa'* ti (para ti).

   b. sin ti / para ti - para mí / sobre él / con nosotros / contigo / sobre mí / conmigo /
con ellos.

   c. Respuesta abierta.

7 Respuesta abierta.

LETRA DE LA CANCIÓN

El kitapena

Vivir sin ti es vivir muriendo,
vivir así no lo recomiendo
y así que así yo sigo insistiendo.
Vivir sin ti es morir queriendo.

Cantar *pa'* ti son mis peticiones,
mis bendiciones y condiciones.
Vivir sin ti es solo desilusiones.

Vivir sin ti es vivir muriendo,
vivir así no lo recomiendo
Y así que así yo sigo insistiendo.
Vivir sin ti es morir queriendo.

Cantar *pa'* ti es clavarme espinas,
vivir sin ti es mi *drogaruina*.
Cantar *pa'* ti es mi *kitapena*.

Cantar *pa'* ti es clavarme espinas,
vivir sin ti es mi *drogaruina*,
cantar *pa'* ti es mi *kitapena*.

Cantar *pa'* ti es mi *kitapena*...

DÉJAME ENTRAR

Autor: Andrés Castro, Carlos Vives, Martín Madera

País: Colombia

Año: 2001

Álbum: *Déjame entrar*

Discográfica: Sonolux

Género: vallenato

Nivel: B1

Carlos Vives

Carlos Vives es cantante, compositor, productor musical y actor. Nació en Santa Marta, Colombia. Hasta 1988 fue un actor muy popular de telenovelas. Su carrera como músico empezó cuando interpretó a un cantante en una serie de televisión. En 1991 creó su propia banda, La Provincia, y a partir de entonces ha grabado más de diez discos que han recibido numerosos premios. Con su álbum *Déjame entrar* ganó el premio Grammy a la mejor música tropical latina de 2001.
Su estilo es una mezcla de pop y ritmos tradicionales colombianos, sobre todo la cumbia y el vallenato. Este último es un género característico de su región y era prácticamente desconocido fuera del país hasta que él lo popularizó.

El vallenato

Es un género musical del noreste de Colombia, de la zona caribeña de Valledupar, también llamada Valle de Upar (de ahí el nombre de vallenato). Los instrumentos básicos tradicionales del vallenato son tres: la caja (un pequeño tambor), la guacharaca (un instrumento indígena con ranuras que se frota con un hueso o palo) y el acordeón diatónico. Estos instrumentos simbolizan las tres culturas del caribe colombiano: la africana, la india y la europea, respectivamente. Antiguamente, el vallenato servía como medio de transmisión de las noticias de una parte del valle a otra. A esta clase de vallenatos se los llama "paseos". También existen vallenatos de tema romántico, llamados "merengues" (diferentes al merengue de la República Dominicana, que tiene otro ritmo). El escritor y premio Nobel colombiano Gabriel García Márquez es un gran amante de los vallenatos.
Algunos músicos que cultivan este género son: Rafael Escalona, Diomedes Díaz, Rafel Orozco y Los

ANTES DE ESCUCHAR

1 ¿Qué sabes de Colombia? Habla con tu compañero.

2 a. ¿Cuáles de estos ritmos latinos conoces? ¿Qué sabes de ellos?

> son　　salsa　　merengue　　vallenato　　cumbia
> bachata　　tango　　chachachá

b. Lee el texto sobre el vallenato y subraya las informaciones que te parecen sorprendentes o interesantes. Coméntalas con tus compañeros.

Déjame entrar

Carlos Vives

3 Vas a escuchar un vallenato titulado "Déjame entrar". ¿De qué crees que va a tratar?

....

MIENTRAS ESCUCHAS

PRIMERA AUDICIÓN

 1 Escucha la canción y comprueba si la hipótesis que has hecho en la actividad 3 del anterior apartado es correcta. Apunta las palabras y expresiones que te han ayudado a decidirlo.

....

....

2 ¿Es un paseo o un merengue vallenato? ¿Por qué lo sabes?

....

SEGUNDA AUDICIÓN

 1 a. Escucha las dos primeras estrofas de la canción y une los elementos de la izquierda con los de la derecha para recomponer la descripción de la mujer.

la que huele	pariendo un sueño
la que lleva	de su cuerpo
la que deja	a hierba en su pelo
la que goza	buenos días al sol
que perfuma	de sus besos
con el aroma	las madrugadas
y le da	tierra en sus dedos
en lo caliente	huella en su suelo

b. Según estas metáforas, ¿con qué adjetivos podrías describirla?

– Si goza pariendo sueños, yo creo que es una soñadora.

....

....

TERCERA AUDICIÓN

 1 a. Antes de volver a escuchar la canción, coloca las preposiciones que faltan en estas estrofas.

1

Déjame entrar .... tu mirada,
quiero llegar .... tu alma.
Déjame quedarme .... tus besos,
saber lo que llevas .... dentro.
Déjame entrar .... tu silencio,
déjame ver .... tus recuerdos
para saber que sí eres tú
la niña que llevo .... mis sueños.

2

Ser tu partida y tu llegada
quiero nacer .... tu calma
déjame ser tus pensamientos
saber lo que llevas .... dentro.
Déjame entrar .... tu silencio
déjame ver .... tus recuerdos
.... saber que sí eres tú
la niña que llevo .... mis sueños.

3

Déjame entrar .... tu mirada
déjame entrar .... la ventana
por la ventana .... tu corazón
Déjame verte ....las mañanas
cuando ya no caliente el sol.

b. Escucha la canción y comprueba tus respuestas.

2 ¿Qué otros verbos conoces que rigen una preposición determinada?

....

DESPUÉS DE ESCUCHAR

1 a. ¿Te ha gustado la canción? ¿Dónde preferirías escucharla? ¿Por qué?

☐ Mientras conduzco, porque ....

☐ Mientras estudio, porque ....

☐ Mientras hago deporte, porque ....

☐ En una discoteca o una fiesta ....

☐ Antes de una cena romántica ....

☐ ....

b. ¿Qué tipo de música prefieres para las situaciones anteriores? Habla con tus compañeros.

2 Copia todas las palabras y expresiones del texto que pertenecen al campo semántico de las relaciones amorosas y todas las que pertenecen a las sensaciones. Algunas pueden pertenecer a ambos. Colócalas en el centro. Luego discute tus opciones con tus compañeros.

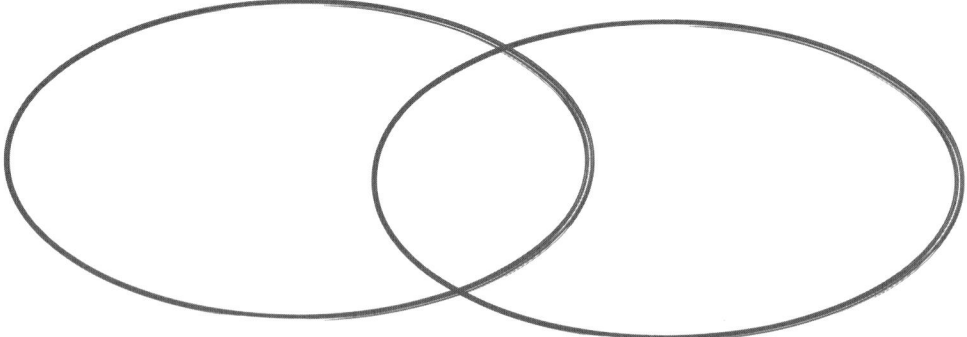

3 a. Subraya en la letra todas las palabras que llevan tilde. ¿Entiendes por qué la lleva cada una? Habla con tus compañeros.

b. Completa las reglas de acentuación.

• Las palabras agudas llevan tilde cuando ....

• Las palabras llanas llevan tilde cuando ....

• Las palabras esdrújulas llevan tilde ....

• Los monosílabos solo llevan tilde cuando..

4 a. Busca dos versos de la canción que contengan las siguientes estructuras.

cuando + indicativo: ....

cuando + subjuntivo: ....

b. ¿Cuál de ellas se refiere al presente habitual y cuál al futuro?

....

5 En la actividad 1 de la segunda audición has trabajado con metáforas que describen a la mujer de la canción. Fíjate ahora en los siguientes adjetivos e intenta inventar para cada uno una metáfora similar a las de la canción.

misteriosa: la que esconde sus secretos

cariñosa: ....

optimista: ....

valiente: ....

independiente: ....

6 Imagina la respuesta de la mujer al cantante. Con un compañero, escribe una carta como si fueras ella. Puedes decirle que sientes lo mismo por él, ponerle condiciones, rechazarlo...

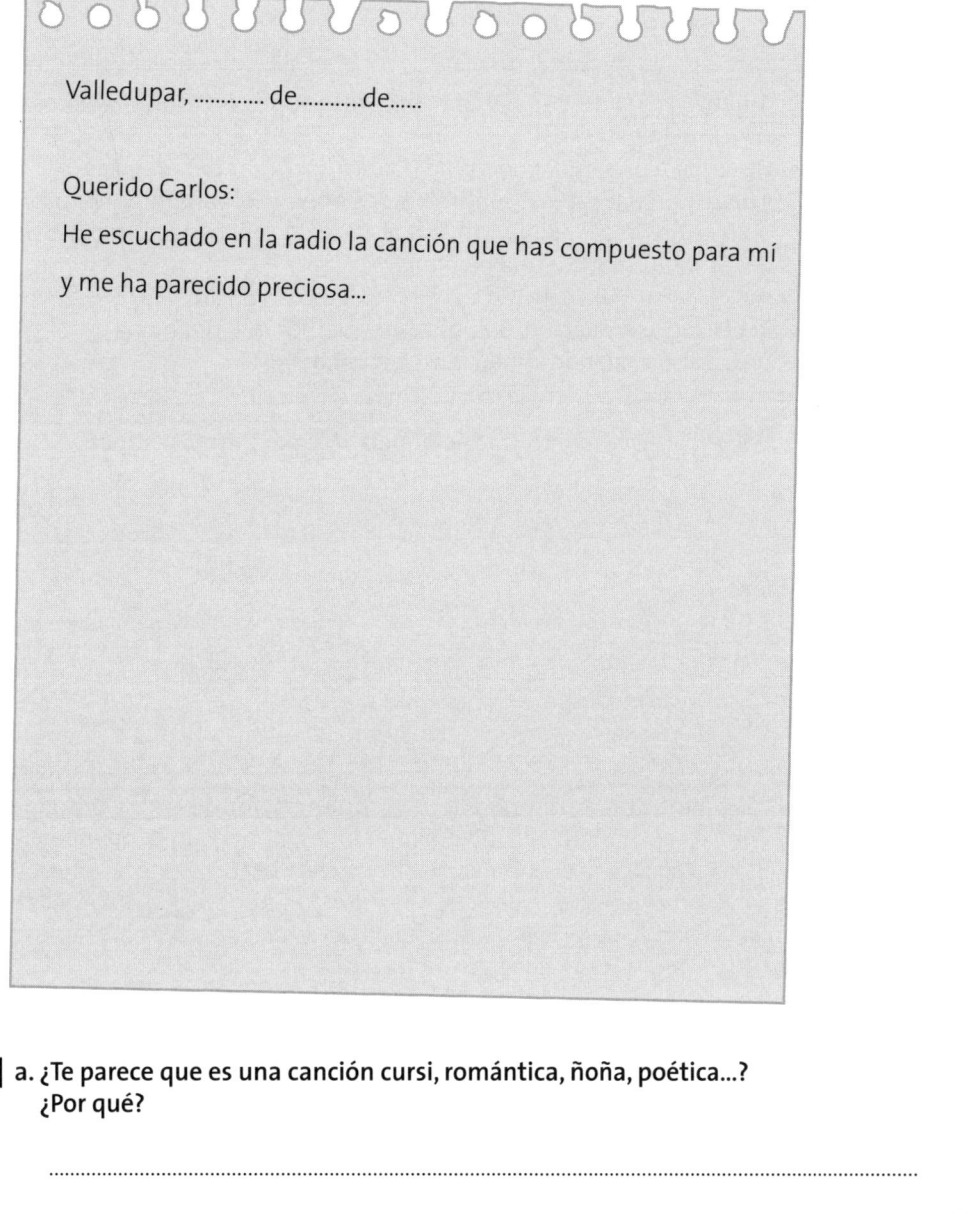

Valledupar, ... de............de......

Querido Carlos:

He escuchado en la radio la canción que has compuesto para mí y me ha parecido preciosa...

7 a. ¿Te parece que es una canción cursi, romántica, ñoña, poética...? ¿Por qué?

....

....

b. ¿Cuáles de estas cosas te parecen románticas? Habla con tus compañeros y poneos de acuerdo para numerarlas de 1 (la menos romántica) a 10 (la más romántica). ¿Qué escribirías tú en la casilla vacía?

○ escribir una carta de amor

○ escribir un poema de amor

○ ...

○ regalar un anillo personalizado

○ tatuarse el nombre de la persona amada

○ tener un hijo con la persona amada

○ casarse

○ ligar en internet

CLAVES PARA EL PROFESOR

Actividades comunicativas de la lengua	Comprensión auditiva, comprensión de lectura, interacción oral, expresión oral, expresión escrita.
Léxico	Adjetivos para describir el carácter, sensaciones, relaciones amorosas.
Funciones	Describir a una mujer de forma poética, expresar preferencias y justificarlas, expresar sentimientos por escrito, preguntar por una opinión, expresar opinión, invitar al acuerdo, mostrar acuerdo o desacuerdo, matizar una opinión.
Gramática	Reglas de acentuación, preposiciones, verbos que rigen una preposición, **cuando** + indicativo o subjuntivo.
Conocimientos socioculturales	Colombia, el vallenato, Gabriel García Márquez, ritmos latinos.

Nivel: B1

Duración aproximada: 2 horas

ANTES DE ESCUCHAR

La fuerza y el interés de "Déjame entrar" está, entre otras cosas, en su ritmo y en las relaciones que el género vallenato tiene con el mundo del nobel colombiano Gabriel García Márquez. Si le parece conveniente, puede explicar a sus alumnos que el vallenato es un producto musical que proviene de la misma región de Colombia de la que es oriundo Gabriel García Márquez, y que es a menudo el escenario de su obra. El propio autor ha declarado en varias ocasiones que *Cien años de soledad* no es más que un vallenato de 350 páginas.

El objetivo de la **actividad 1** es activar en los alumnos sus conocimientos previos sobre Colombia. El **apartado a** de la **actividad 2** hace lo mismo pero en relación con los ritmos latinos. En el **apartado b** se propone una actividad de comprensión de lectura del texto sobre el vallenato para que se familiaricen con el género. Por último, la **actividad 3** invita a los alumnos a hacer hipótesis sobre el tema de la canción a partir de su título.

1 Respuesta abierta.

2 Respuesta abierta.

3 Respuesta abierta.

PRIMERA AUDICIÓN

En esta fase de la audición, en la **actividad 1** los alumnos realizan una escucha global de la canción para comprobar la hipótesis que han hecho en la actividad anterior. Mientras escuchan, deben anotar las palabras y expresiones que los ayudan a llegar a esa conclusión. En la **actividad 2** deben vincular la experiencia auditiva, la conclusión de la **actividad 1** y las informaciones que han leído en el texto sobre el vallenato para identificar el tipo de tema que han escuchado, un paseo o un merengue vallenato. No les debería costar trabajo concluir que es un merengue vallenato, ya que es de tema amoroso. Ofrézcales su ayuda en caso necesario.

1 La canción está concebida como una declaración de amor hacia una mujer.

2 Es un merengue vallenato, ya que es de tema amoroso.

SEGUNDA AUDICIÓN

En la **actividad 1** los alumnos escuchan las dos primeras estrofas de la canción y centran su atención en la descripción que de la mujer se hace en la segunda. Mientras escuchan, van recomponiéndola. En el **apartado b** se anima a los alumnos a despoetizar la descripción de la mujer buscando un adjetivo adecuado que exprese la idea de la metáfora. Puede animarlos a utilizar un diccionario en este momento y a trabajar en pequeños grupos. Como las respuestas posibles son muchas y muy variadas, puede hacer una puesta en común para discutir la pertinencia de los adjetivos escogidos por sus alumnos.

1 a. Véase la letra de la canción.

b. Respuesta abierta.

TERCERA AUDICIÓN

En esta audición se pide a los alumnos, en la **actividad 1**, que realicen una escucha selectiva, en este caso para fijarse en el uso de las preposiciones en la letra. Antes, los alumnos pueden colocarlas siguiendo sus conocimientos morfosintácticos y léxicos. En la **actividad 2** se profundiza en el régimen preposicional de los verbos.

1 Véase la letra.

2 Respuesta abierta.

DESPUÉS DE ESCUCHAR

La **actividad 1** anima a los alumnos a hacer una primera valoración de la canción y a explicar para qué tipo de situación les parece más adecuada. Si lo estima conveniente, puede plantear una discusión sobre la diferencia entre oír música de fondo y escuchar música atentamente, qué tipo de música se presta para una u otra actividad, cuáles son sus costumbres a este respecto, etc. La **actividad 2** propone un trabajo de léxico sobre los campos semánticos de las sensaciones y las relaciones amorosas, ambos protagonistas de la canción. Acepte diferentes respuestas de sus alumnos, ya que algunas expresiones pueden pertenecer a ambos o clasificarse dentro de uno u otro según la percepción de cada alumno. Si lo estima conveniente, puede aprovechar para ampliar la lista con otras expresiones relacionadas. En la **actividad 3** se propone un repaso general de las reglas de acentuación. Anime a sus alumnos a preguntarles todas sus dudas al respecto, también en casos más complejos como la tilde diacrítica y la tilde que aparece al utilizar pronombres enclíticos en formas del imperativo, por ejemplo. En la **actividad 4** se propone un trabajo de observación y reflexión gramatical sobre la formación y el uso de oraciones temporales con subjuntivo y con indicativo. Dependiendo de las características de su grupo puede usted decidir detenerse más o menos en este tema. La **actividad 5** propone el trabajo inverso al que se realizó en la actividad 1 de la segunda audición. En este caso, son los propios alumnos quienes deben buscar metáforas que expresen la característica que describen los adjetivos. La **actividad 6** continúa con el mismo carácter abierto y creativo, esta vez proponiendo un trabajo de expresión escrita en el que los alumnos pueden imaginar que son la mujer a quien va dedicada la canción, que contesta al cantante. Anime a sus alumnos a trabajar por parejas e imaginar la historia que existe entre ambos personajes, el carácter de ella, etc. antes de escribir la carta. Por último, la **actividad 7** invita a una última valoración de la canción como paso previo para una discusión grupal acerca de lo que se considera romántico. El objetivo de esta actividad es que tengan que discutir, negociar y contrastar los diferentes puntos de vista que sin duda existirán. La noción de romántico puede variar mucho según las generaciones y las culturas. Aproveche para indagar en la opinión de sus alumnos, encontrar semejanzas y posibilitar el consenso. Si lo estima necesario, puede proporcionarles un andamiaje de recursos lingüísticos para discutir, como los que se ofrecen a continuación.

PREGUNTAR POR UNA OPINIÓN
¿Tú crees que...?/¿Vosotros creéis que....?
¿Qué piensas de que...?
¿Qué te parece que...?

EXPRESAR UNA OPINIÓN
En mi opinión...
Para mí...
Yo creo que...
Diría que...
No creo que + subjuntivo
A mí me parece que...

INVITAR AL ACUERDO
¿No te parece?
¿No crees?

MOSTRAR ACUERDO O DESACUERDO
Yo (no) pienso lo mismo.
A mí también/tampoco me parece...
Sí, es cierto que...
No, no está claro que...
(No) estoy de acuerdo contigo.
(No) estoy de acuerdo en que...
Sí, tienes razón.
Sí, claro.
¡Por supuesto (que sí/que no)!

MATIZAR UNA OPINIÓN
Eso es verdad, pero ....
Puede ser, pero...

1 Respuesta abierta.

2 Respuesta abierta. Depende de la percepción de los alumnos.

3 Las palabras agudas llevan tilde cuando terminan en vocal, en **-n** o en **-s**.

Las palabras llanas llevan tilde cuando terminan en consonante, excepto **-n** o **-s**.

Las palabras esdrújulas llevan tilde siempre.

Los monosílabos solo llevan tilde cuando existe otro monosílabo que se escribe igual pero tiene otro significado. La tilde sirve para distinguirlos.

4 **cuando** + **indicativo**: cuando contigo me encuentro se me enreda el pensamiento (presente habitual)

cuando + **subjuntivo**: déjame entrar en tu mirada cuando ya no caliente el sol (futuro)

5 Respuesta abierta.

6 Respuesta abierta.

7 Respuesta abierta.

LETRA DE LA CANCIÓN

Déjame entrar

Déjame entrar en tu mirada,
quiero llegar hasta tu alma.
Déjame quedarme entre tus besos,
saber lo que llevas por dentro.
Déjame entrar en tu silencio,
déjame ver en tus recuerdos
para saber que sí eres tú
la niña que llevo en mis sueños.

La que huele a yerba en su pelo,
la que lleva tierra en sus dedos,
la que deja huella en su suelo,
la que goza pariendo un sueño
que perfuma las madrugadas
con el aroma de su cuerpo
y le da buenos días al sol
en lo caliente de sus besos.

Ser tu partida y tu llegada,
quiero nacer desde tu calma.
Déjame ser tus pensamientos,
saber lo que llevas por dentro.
Déjame entrar en tu silencio,
déjame ver en tus recuerdos
para saber que sí eres tú
la niña que llevo en mis sueños.

Déjame entrar en tu mirada,
déjame entrar por la ventana,
déjame entrar en tu mirada
por la ventana de tu corazón.

Déjame entrar en tu mirada,
déjame verte en las mañanas,
déjame entrar en tu mirada
cuando ya no caliente el sol.

Cuando contigo me encuentro
se me enreda el pensamiento,
se me corta la respiración...

Esto yo nunca me lo esperaba.
Hace tiempo no me pasaba.
Para ti va mi canción.

Déjame entrar en tu mirada,
...

Déjame ver que no hay regreso,
déjame entrar en tu mirada,
déjame entrar hasta tus besos,
déjame entrar en tu mirada,
déjame ver en tu recuerdo,
déjame entrar en tu mirada,
quiero nacer de tu silencio,
déjame entrar en tu mirada
y recorrer todo tu cuerpo.

Déjame entrar en tu mirada
para morir entre tus besos....
Déjame entrar en tu mirada
...

INTERPRETACIÓN

Autor: Marcela Ferrari

País: Argentina-España

Año: 2009

Álbum: *Tangos propios*

Discográfica: Autoproducción

Género: tango-canción

Nivel: B2

Marcela Ferrari

Marcela Ferrari es una cantante y compositora nacida en Buenos Aires y residente en Madrid desde 1986. Ha participado como vocalista en muchos proyectos musicales y giras de artistas famosos, entre otros, Jorge Drexler, Rosana, Sabina, Serrat, Miguel Ríos, Víctor Manuel y Ana Belén. Ha grabado varios discos, uno de pop-rock, *Marcela Ferrari* (1995) con el que inicia su carrera como letrista y compositora; uno de canciones infantiles, *El niño de los gatitos* (2003) y un tercero de tango-canción, *Tangos propios* (2009). Este disco ofrece una visión renovada del tango, con letras originales, sensibles y actuales.

El tango

El tango es un género musical proveniente de Argentina y Uruguay que surge a partir de la fusión cultural entre los emigrantes europeos, los descendientes de esclavos africanos y los nativos del Río de la Plata. Es una música urbana, ya que esta fusión se dio en los barrios de las grandes ciudades. Los instrumentos principales son el bandoneón (un pequeño acordeón diatónico), el piano, el contrabajo y la guitarra. Las letras de sus canciones más tradicionales están compuestas en un argot conocido como **lunfardo**, que surgió en Buenos Aires a partir de la segunda mitad del siglo xix y en el que se acuñan nuevas palabras para referirse a las cosas. Era la forma de hablar de los delincuentes, y más tarde de las clases populares. Tradicionalmente, las letras son melancólicas y hablan de amor y de nostalgia, pero en las últimas décadas han surgido artistas que hablan de la vida cotidiana en un lenguaje actual. Son los compositores y letristas del tango-canción.

Algunos nombres fundamentales en la historia del tango son Carlos Gardel y Tita Merello como intérpretes; Aníbal Troílo y Astor Piazzola como bandoneonistas, este último también como compositor. Otra compositora destacable es Eladia Blázquez. En cuanto al tango-canción moderno, la mejor exponente es Susana Rinaldi. Por último, el conjunto Gotan Project ha sido uno de los impulsores de la fusión del tango y la música electrónica.

ANTES DE ESCUCHAR

1 ¿Qué sabes de Argentina? ¿Y del tango? Habla con tus compañeros.

2 Lee el texto sobre el tango y completa la siguiente ficha.

Lugar de nacimiento: ....

Cómo surge: ....

Sus letras hablan de: ....

Sus instrumentos principales son:..

El lenguaje utilizado se llama: ....

Algunos artistas importantes son: ....

MIENTRAS ESCUCHAS

PRIMERA AUDICIÓN

1 a. La canción que vas a escuchar se llama "Interpretación". Esta es su primera estrofa. ¿De qué crees que puede tratar? Habla con tu compañero.

Es un error de interpretación:

tú no me quieres entender

o no te quiero entender yo.

La voluntad es la solución

que tantas veces escapa a nuestra razón.

b. Escucha la canción y apunta frases o palabras que se refieren a la misma idea.

....

....

....

....

SEGUNDA AUDICIÓN

1 a. Entre el español de España y el de Argentina hay algunas diferencias de vocabulario. La canción muestra algunas. Marca la opción correcta para A y B.

A. En Argentina se llama **placard**...

1. a un instrumento para medir el tiempo.

2. a un mueble para guardar la ropa.

3. a la superficie que se pisa en las casas.

B. En Argentina, una **remera** es...

1. un medio de transporte marítimo.

2. un mueble que da luz.

3. una prenda de ropa.

b. ¿Cómo se dice placard **y** remera **en español de España?**

....

c. Vais a trabajar por parejas. Un alumno tiene la tarjeta A y el otro la tarjeta B. Cada uno debe escribir tres definiciones para cada palabra, dos de ellas falsas y una verdadera, como en la actividad anterior. Su compañero debe adivinar la definición correcta y encontrar la palabra en castellano.

GRUPO A	GRUPO B
1. computadora	1. zapallito
2. porotos	2. auto
3. anteojos	3. sobretodo
4. pileta	4. manteca
5. pieza	5. bañadera
6. amarrete	6. saco
6. tacaño 3. gafas 4. piscina 5. habitación 1. ordenador 2. alubias o judías	6. chaqueta 4. mantequilla 5. bañera 1. calabacín 2. coche 3. gabardina

2 a. A continuación mira esta lista de expresiones argentinas y españolas. ¿Puedes relacionar cada una con su equivalente? Trabaja con un compañero.

ARGENTINA	ESPAÑA
1. Es una chusma.	**a.** ¡Qué tía mas guapa!
2. Cerrá la canilla.	**b.** Ser gafe
3. Me voy de joda.	**c.** Corta el grifo.
4. No tengo guita.	**d.** Un garito ideal
5. Pasame el saco.	**e.** Es una cotilla.
6. ¡Qué linda mina!	**f.** No tengo un pavo.
7. Ser mufa	**g.** ¿Me pasas la chaqueta?
8. Un pub divino	**h.** Me voy de juerga.
9. Estoy molido.	**i.** Estoy baldado.

b. Ahora escucha la canción y comprueba tus respuestas.

TERCERA AUDICIÓN

1 a. Vas a escuchar la canción una vez más. Esta vez, intenta completar la letra con las palabras y expresiones que faltan, tanto españolas como argentinas.

1

Pasame el saco, ¿me pasas la chaqueta?
Hoy hay concierto, ...
Me voy de joda, me voy de juerga
con los muchachos, ...

2

Zapallitos o calabacines,
Computadora, ordenador,
medias o ....
la bañadera o la bañera,
remera, camiseta;
las alubias o los porotos,
auto, coche
.... o furgoneta,
en la ruta o ....

3

Voy por las veredas o ....
.... o noticieros,
con anteojos nuevos o con gafas nuevas,
amarreta, pijotera, rácana,
los .... o los pitillos,
.... o municipalidad.

4

El camarín o ....
estoy molido, estoy baldado,
el sobretodo, la gabardina,
estás reloco, estás ....
cafiaspirina, bayaspirina,
el arco o ....
en la pileta o en la piscina,
la cana, ...
la manteca o la mantequilla,
es una chusma, una cotilla,

5

el almohadón o .... para la silla,
ser gafe, ser mufa,
en el living o en el ....
con cheque o con ....
en el armario o en el placard,
.... o el pizarrón.

6

¡Ay! mi pieza es .... ,
el bolso que es .... ,
corta el grifo, cerrá la canilla,
y la cartera, ...
No tengo un pavo, no tengo .... , con tacos o ....
¡Que tía mas guapa!, ¡Qué linda mina!

b. Ahora elabora una tabla como la de la actividad 2a de la segunda audición en la que aparezcan los equivalentes de las expresiones españolas y argentinas.

DESPUÉS DE ESCUCHAR

1 ¿Qué te parece la canción? ¿Estás de acuerdo con el mensaje?

....

....

2 ¿Escoge diez palabras o expresiones del texto que quieres aprender y anótalas. Compara tu lista con la de tu compañero.

....

....

3 a. Fíjate en las expresiones argentinas Pasame el saco y Cerrá la canilla. ¿Para qué se utilizan?

   a. Para relatar un hecho en el pasado.

   b. Para pedir algo a otra persona.

   c. Para expresar el deseo de que algo suceda.

b. ¿En qué modo verbal crees que está el verbo?

....

....

c. ¿Cómo se diría en español?

....

....

4 a. Estos refranes españoles tratan sobre la lengua y la comunicación. ¿Puedes imaginar qué significan? Escríbelo al lado de cada uno y compara luego con las respuestas de tu compañero.

   A buen entendedor, pocas palabras bastan. ....

   A palabras necias, oídos sordos. ....

   Quien tiene boca, se equivoca. ....

   Para bailar tango se necesitan dos. ....

b. ¿Existen refranes similares en tu lengua? Habla con tus compañeros.

5 a. Formad 4 grupos (A, B, C y D). Cada grupo lee la tarjeta con su párrafo y debe resumirlo en una frase, como un eslogan o subtítulo para la canción.

A.
Es un error de interpretación:
tú no me quieres entender
o no te quiero entender yo.
La voluntad es la solución
que tantas veces escapa a
nuestra razón.

B.
Y no es cuestión de idioma, credo
o localización.
Amigo, no nos engañemos,
no hace falta ningún don
para saber escuchar, observar, analizar,
para entender con el corazón.

C.
Es un error de interpretación
porque nos pasa lo que pasa:
dos, tres discursos a la vez.
No hay academias para la sensatez,
escurridiza entre las gentes como un pez.

D.
Y no es cuestión de parlar inglés,
francés, chino, español;
es más sutil e inteligente
la lengua de la comprensión.
Es querer, es poder, como se
escucha a los bebés.
Es entender con el corazón.

b. Ahora leed vuestra frase al resto de la clase y escoged entre todos la que más os guste como subtítulo de la canción.

6 ¿En tu lengua, existen variantes lingüísticas con diferencias similares a las que se muestran en la canción? Habla con tus compañeros.

7 ¿Recuerdas algún malentendido que te ha sucedido, bien en tu lengua o en una lengua extranjera? (Puede ser lingüístico o cultural.) Cuéntaselo a tus compañeros. ¿Cómo se solucionó?

8 a. ¿Qué dificultades tienes para comprender algo en tu lengua? ¿Y en una lengua extranjera? Completa esta tabla con al menos cuatro dificultades y propuestas de solución para cada caso.

En mi lengua		En una lengua extranjera	
Dificultades	Soluciones	Dificultades	Soluciones

b. Ahora, habla de tus dificultades con tus compañeros y anota las suyas. Piensa en posibles soluciones para al menos cuatro y formúlalas en forma de consejos. Los siguientes recursos os pueden resultar útiles:

Si yo fuera tú...

Yo creo que lo mejor sería que + imperfecto de subjuntivo

Yo te aconsejaría que + imperfecto de subjuntivo

Yo te recomendaría que + imperfecto de subjuntivo

¿Y si + presente/imperfecto de subjuntivo**?**

– A mí me cuesta entender a alguien cuando no vocaliza.

– Yo te recomendaría que le miraras a la cara cuando habla.

CLAVES PARA EL PROFESOR

Actividades comunicativas de la lengua	Comprensión auditiva, comprensión de lectura, interacción oral, expresión escrita, mediación.
Léxico	Léxico cotidiano en España y Argentina.
Funciones	Detectar problemas, proponer soluciones, aconsejar, definir una palabra.
Gramática	Diferencias entre el imperativo en Argentina y España.
Conocimientos socioculturales	Argentina, el tango, algunas diferencias entre el español de España y el de Argentina.

Nivel: B2

Duración aproximada: 3 horas

ANTES DE ESCUCHAR

Este tema de Marcela Ferrari permite a los alumnos acercarse al mundo cultural argentino, conocer algunas diferencias léxicas entre la variante castellana y rioplatense y reflexionar sobre qué actitudes promueven la comunicación.

La **actividad 1** tiene como objetivo activar en los alumnos sus conocimientos previos sobre Argentina. La **actividad 2** es una propuesta de comprensión de lectura del texto sobre el tango. Si lo estima conveniente, puede ponerles ahora vídeos o audios de tangos famosos, fotografías de bailarines de tango y todo lo que considere que puede activar y ampliar su conocimiento previo sobre el tema. Algunas posibilidades son el poema "Tango" de Jorge Luis Borges, "Mi buenos aires querido", de Juan Gelman (o cualquier otro de su poemario *Gotan*) o alguna escena de la película *Tango*, de Carlos Saura (1998).

1 Respuesta abierta.

2

Lugar de nacimiento: Argentina y Uruguay.

Cómo surge: por la fusión cultural entre europeos, descendientes de esclavos africanos y nativos del Río de la Plata...

Sus letras hablan de: melancolía, amor y temas cotidianos.

Sus instrumentos principales son: bandoneón, piano y contrabajo.

El lenguaje utilizado se llama: lunfardo.

Algunos artistas importantes son: Carlos Gardel, Mercedes Simone, Aníbal Troílo, Astor Piazzola, Susana Rinaldi, Gotan Project.

MIENTRAS ESCUCHAS

PRIMERA AUDICIÓN

En esta primera fase se propone una actividad de comprensión global. En el **apartado a**, los alumnos, a partir del texto de la primera estrofa y el título de la canción, construyen hipótesis acerca del tema de la misma. Sería conveniente que hiciera una puesta en común y ayudara a sus alumnos a llegar a decir que la canción trata de la voluntad de comunicarse entre varias personas. En el **apartado b** se anima a los alumnos a escuchar la canción y anotar todo aquello que entienden que hace referencia a la idea general. Dependiendo de las características de su grupo, puede concretar ahora los tipos de problemas de comunicación a los que se refiere la letra o ir concretando poco a poco y retomar el tema al final del trabajo con la canción.

1 Sobre la voluntad de comprensión de varias personas, en este caso, entre argentinos y españoles.

SEGUNDA AUDICIÓN

Las actividades de esta fase proponen un trabajo sobre las diferencias léxicas del español de Argentina y España. En la **actividad 1**, los alumnos pueden hacer hipótesis sobre el significado de dos palabras argentinas y sus equivalentes en España. Asimismo, se propone un juego por parejas en el que los alumnos deben escribir definiciones de algunas palabras que aparecen en la canción –dos inventadas y una real para cada una–, adivinar cuál es la correcta y cómo se dice en español. En la **actividad 2** se trabaja sobre expresiones enteras. Los alumnos deben encontrar el equivalente en español de varias expresiones argentinas. Anímelos a utilizar sus estrategias de comprensión e inferencia y a utilizar un diccionario, si lo necesitan, si bien es posible que muchas de las expresiones o palabras argentinas no aparezcan en él. Luego anime a sus alumnos a comprobar sus hipótesis escuchando la canción.

1 **a.** A2, B3.

b. placard: armario; remera: camiseta.

c. Véanse las soluciones incluidas en la tarjeta.

2 1. e, 2. c, 3. h, 4. f, 5. g, 6. a, 7. b, 8. d, 9. i.

TERCERA AUDICIÓN

En esta última actividad, los alumnos deben escuchar e intentar completar los versos de la canción con las palabras que faltan, algunas españolas y otras argentinas. A continuación, se les propone que elaboren una tabla de equivalencias como la de la actividad anterior.

1 **a.** Véase la letra de la canción.

b. Respuesta abierta.

DESPUÉS DE ESCUCHAR

La **actividad 1** invita a los alumnos a hacer una valoración personal de la canción y su mensaje. En la **actividad 2**, dada la densidad léxica de la letra, se propone a los alumnos un trabajo personalizado sobre el vocabulario que aparece en ella. A partir de sus propios intereses, son ellos quienes deben decidir qué palabras o expresiones desean aprender. La **actividad 3** llama la atención sobre la forma del imperativo de segunda persona en la variedad del español de Argentina y sus diferencias con España. No se trata de que los alumnos aprendan a emplear dicha forma (a menos que tengan un interés personal) sino que sean capaces de reconocerla allí donde la encuentren. La **actividad 4** se adentra en la fraseología y permite a los alumnos conocer algunos refranes españoles relacionados con la lengua y la comunicación, así como reflexionar sobre refranes similares que existen en su lengua y las posibles semejanzas y diferencias en las ideas subyacentes a estos. En la **actividad 5** se retoman aquellas estrofas que resumen la filosofía de la canción y se propone un trabajo en grupo sobre ellas. Los alumnos deben leerlas y resumirlas en una sola frase que se convertirá en subtítulo de la canción. Si desea profundizar en este aspecto, puede trabajar con el tema "Sabias palabras", del mismo disco, dedicado a los refranes en castellano. La **actividad 6** propone una reflexión sobre posibles fenómenos similares que puedan existir en la lengua del alumno. La **actividad 7** invita a los alumnos a narrar una anécdota relacionada con los malentendidos, sean estos culturales o lingüísticos. Por último, la **actividad 8** ahonda en el tema de las dificultades de comprensión y propone el uso de algunos exponentes funcionales con los que expresar posibles soluciones en forma de consejos.

1 Respuesta abierta.

2 Respuesta abierta.

3 **a.** B

b. En imperativo.

c. Pásame, cierra.

4 **a.** A buen entendedor, pocas palabras bastan: cuando alguien tiene una actitud abierta y desea entender a otra persona, no necesita explicaciones largas.
A palabras necias, oídos sordos: si alguien habla sin sentido no hay que escucharlo.
Quien tiene boca, se equivoca: es imposible no cometer errores.
Para bailar tango, se necesitan dos: para entenderse es necesario que las dos personas quieran comprenderse.
Por la boca muere el pez: las palabras que decimos pueden traer problemas.
No hay peor sordo que el que no quiere oír: si alguien tiene una idea fija, no sirven de nada las explicaciones; no cambiará de opinión.

b. Respuesta abierta.

c. Respuesta abierta.

5 Respuesta abierta.

6 Respuesta abierta.

7 Respuesta abierta.

8 Respuesta abierta.

Interpretación

Es un error de interpretación:
tú no me quieres entender
o no te quiero entender yo.
La voluntad es la solución
que tantas veces escapa a nuestra razón.

Y no es cuestión de idioma, credo o
localización.
Amigo, no nos engañemos,
no hace falta ningún don
para saber escuchar, observar, analizar,
para entender con el corazón.

Pasame el saco, ¿me pasas la chaqueta?
Hoy hay concierto, ¡un recital!
Me voy de joda, me voy de juerga
con los muchachos, con los colegas.

Es un error de interpretación
porque nos pasa lo que pasa:
dos, tres discursos a la vez.
No hay academias para la sensatez,
escurridiza entre las gentes como un pez.

Y no es cuestión de parlar inglés, francés,
chino, español;
es más sutil e inteligente,
la lengua de la comprensión.
Es querer, es poder, como se escucha a los
bebés.
Es entender con el corazón.

¿Dónde está la Calle de la Cebolla?
que hay un pub divino, un garito ideal
con un camarero (un mozo) cortés,
hablamos en clave
de sol, fa, mi, re.

Zapallitos o calabacines.
Computadora, ordenador.
Medias o calcetines. La bañadera o la bañera.
Remera, camiseta. Las alubias o los porotos.
Auto, coche. Furgoneta, camioneta.
En la ruta o en la carretera.
Voy por las veredas o por las aceras.
Telediarios o noticieros.
Con anteojos nuevos o con gafas nuevas.
Rácana, amarreta, pijotera.
Los puchos o los pitillos.
Ayuntamiento o municipalidad.
El camarín o los camerinos.
Estoy molido, estoy baldado.
El sobretodo, la gabardina.
Estás reloco, estás pirado.
Cafiaspirina, bayaspirina, aspirina.
El arco o la portería.
En la pileta o en la piscina.
La cana, los maderos: policía.
La manteca o la mantequilla.
Es una chusma, una cotilla.
El almohadón o el cojín para la silla.
Ser gafe, ser mufa.
En el living o en el salón.
Con cheque o con talón.
En el armario o en el placard.
La pizarra o el pizarrón.
¡Ay! Mi pieza es mi habitación.
El bolso es la cartera.
Corta el grifo, cerrá la canilla.
Y la cartera, la billetera.
No tengo un pavo, no tengo guita.
Con tacos o con tacones.
¡Qué tía mas guapa!, ¡Qué linda mina!
Las pelotas, las bolas, los....

DE MÁLAGA, MALAGUEÑITO

Autor: Javier Ruibal

País: España

Año: 2005

Álbum: *Lo que me dice tu boca*

Discográfica: 18 chulos

Género: canción de autor / flamenco

Nivel: B2

Javier Ruibal

El cantautor Javier Ruibal nació en El Puerto de Santa María, Cádiz (España). Grabó su primer disco, *Duna*, en 1983 y desde entonces ha grabado nueve discos más y ha colaborado en numerosos proyectos con otros artistas. Las letras de sus canciones son poéticas y tienen mucha influencia de la lírica andaluza, así como de la obra de los poetas Rafael Alberti y Federico García Lorca. Su música tiene una base de flamenco que se combina con ritmos sefardíes, de jazz y cubanos.

El flamenco

El flamenco es el género musical español más conocido internacionalmente. Lo conforman tres elementos: la música o "toque" que se interpreta a la guitarra; la canción o "cante", que interpreta un "cantaor" o "cantaora", y el baile, que ejecuta un "bailaor" o "bailaora". El flamenco es un arte popular que surge entre los gitanos de Andalucía. Los gitanos, pueblo nómada proveniente de la India, se expandió por Europa y una parte de ellos se asentó en Andalucía en los siglos XVI y XVII. De la mezcla de ambas culturas, la gitana y la andaluza, surgió el flamenco. Hay muchos estilos o **palos** dentro del flamenco, que se distinguen por el compás, la armonía y su carácter (alegre, triste, solemne, etc.)

En las últimas décadas, el flamenco se ha mezclado con otras músicas como el hip hop, el pop o el jazz. Algunos cantaores importantes son Camarón de la Isla, Enrique Morente, Mayte Martín, Miguel Poveda y Diego el Cigala; entre los bailaores destacan Sara Baras y Rafael Amargo y entre los guitarristas, Paco de Lucía, Manolo Sanlúcar o Tomatito.

El tema "De Málaga malagueñito" es un ejemplo de mezcla de música pop y flamenco. El palo sobre el que se basa es las alegrías, que se apoya, a su vez, en un compás de doce tiempos.

ANTES DE ESCUCHAR

1 ¿Qué sabes sobre el flamenco? Antes de leer el texto, habla con tu compañero y discutid si estas afirmaciones son verdaderas o falsas. Luego, lee el texto sobre el flamenco y comprueba tus respuestas.

	V	F
a. El flamenco surge en el norte de España.	☐	☐
b. Es la música de los gitanos.	☐	☐
c. Los ritmos del flamenco se llaman "palos".	☐	☐
d. Es una música muy alegre.	☐	☐
e. El flamenco se toca, se canta y se baila.	☐	☐
f. No se ha mezclado nunca con otras músicas.	☐	☐
g. Tiene origen árabe.	☐	☐

2 El tema "De Málaga malagueñito" trata sobre un pintor español ¿Qué pintores españoles conoces? ¿Qué sabes de ellos? Habla con tus compañeros.

MIENTRAS ESCUCHAS

PRIMERA AUDICIÓN

1 Escucha la canción y contesta las siguientes preguntas:

a. ¿De qué pintor trata? ....

b. ¿Te gusta este pintor? ¿Por qué? ....

SEGUNDA AUDICIÓN

1 a. Estas son las cuatro primeras estrofas de la canción, pero tienen los versos desordenados. Intenta ordenarlos antes de escuchar de nuevo.

○ corazón de plastilina
○ la gracia te da propina
① ¡Ay!, Pablo Ruiz, qué travieso
○ la vida te tira un beso

○ apunta buenas maneras
○ este niño que es un caso
③ el agua la pone afuera
○ pero cuando pinta un vaso

○ un ojo tuerce pa´ dentro
○ y sin ningún miramiento
○ y el otro pa´ donde quieras.
② ha retratado a su abuela

④ ni señorito
○ de Málaga, Málaga
○ tú nunca fuiste pobre
○ malagueñito

b. Ahora escucha la canción y comprueba.

CLASE DE MÚSICA   De Málaga, malagueñito

1 a. A continuación tienes las demás estrofas de la canción. En cada una falta una frase. Escucha y completa.

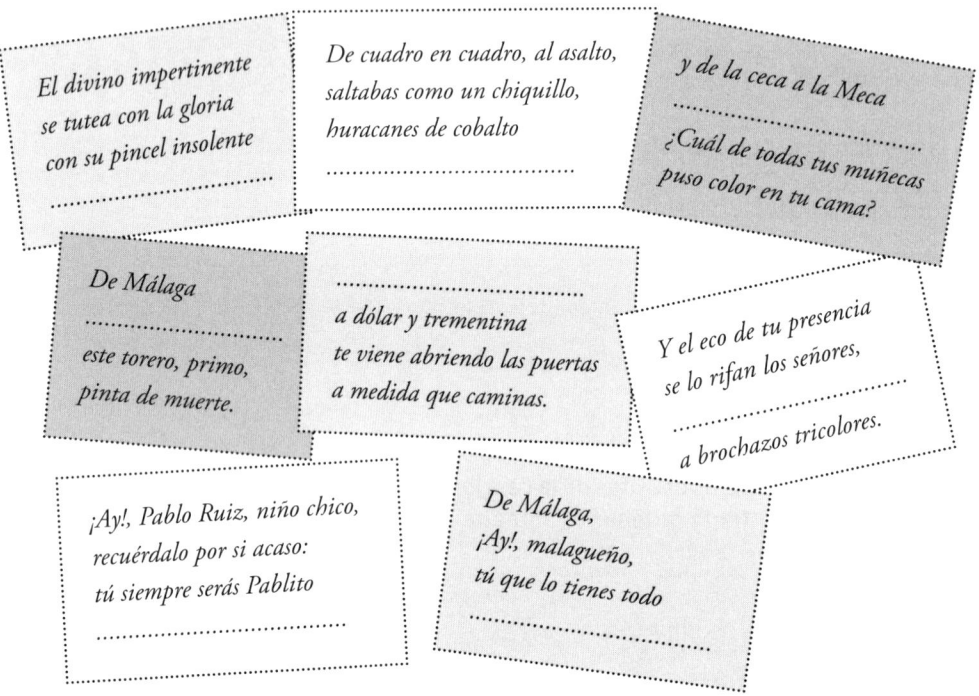

El divino impertinente
se tutea con la gloria
con su pincel insolente
....

De cuadro en cuadro, al asalto,
saltabas como un chiquillo,
huracanes de cobalto
....

y de la ceca a la Meca
....
¿Cuál de todas tus muñecas
puso color en tu cama?

De Málaga
....
este torero, primo,
pinta de muerte.

....
a dólar y trementina
te viene abriendo las puertas
a medida que caminas.

Y el eco de tu presencia
se lo rifan los señores,
....
a brochazos tricolores.

¡Ay!, Pablo Ruiz, niño chico,
recuérdalo por si acaso:
tú siempre serás Pablito
....

De Málaga,
¡Ay!, malagueño,
tú que lo tienes todo
....

b. Compara tus respuestas con las de tu compañero y luego con las del resto de la clase.

DESPUÉS DE ESCUCHAR

1 Encuentra el significado de las expresiones de la izquierda en la columna de la derecha:

1. Tirar un beso	**a.** Ser una persona rica, distante del pueblo.
2. Apuntar maneras	**b.** Pelearse para estar cerca de alguien.
3. Ser un señorito	**c.** Desde lejos, hacer el gesto de enviar un beso.
4. Ir de la Ceca a la Meca	**d.** Ser prometedor, generar expectativas.
5. Hacer algo "de muerte"	**e.** Ir de un lado a otro sin parar.
6. Rifarse a alguien	**f.** Hacer algo sin preocuparse de cómo se hace.
7. Hacer algo sin ningún miramiento	**g.** Tener un carácter muy particular.
8. Ser un caso	**h.** Hacer algo excepcionalmente bien.

2 a. Relaciona la información de la izquierda con los versos en los que se encuentra en la canción.

1. Desde pequeño destacó por su talento excepcional

2. Fue un pintor cubista

3. El toro es una figura recurrente en su pintura

4. Gozó de mucho éxito y prestigio

5. En la Guerra Civil española estuvo comprometido con la República

a. Pero cuando pinta un vaso, el agua la pone fuera

b. Este torero, primo, pinta de muerte

c. Tú defiendes tu conciencia a brochazos tricolores

d. El eco de tu presencia se lo rifan los señores

e. Este niño que es un caso apunta buenas maneras

b. Busca otros versos en la canción que hacen referencia a estos u otros datos de la vida de Pablo Picasso y habla de ellos con tus compañeros. Si alguna referencia no te queda clara, pregúntale a tu profesor.

3 a. En el título de la canción "De Málaga, malagueñito", se emplea el sufijo –ito para el gentilicio "malagueño". ¿Qué uso crees que tiene en este caso? ¿Por qué? Habla con tus compañeros.

a. Indica que Málaga es una ciudad pequeña.

b. Es una forma cariñosa de dirigirse a Pablo Picasso.

c. Indica que Pablo Picasso era un hombre muy bajito.

b. Fíjate ahora en la palabra "brochazo" del verso "tú defiendes tu conciencia a brochazos tricolores". ¿De qué palabra crees que viene? Si quieres, puedes utilizar un diccionario.

c. ¿Qué significado crees que aporta en este caso el sufijo –azo?

- Una brocha muy grande. ☐
- Un paso rápido con la brocha sobre el lienzo. ☐
- Una herida causada por una brocha. ☐

d. ¿De qué palabras derivan los siguientes aumentativos y qué crees que significan? Trabaja con tu compañero.

codazo: ....

narizota: ....

pelotazo: ....

hombretón: ....

actorazo: ....

pisotón: ....

abrazote: ....

4 Fíjate en el uso del subjuntivo en estos versos.

> Tú siempre serás Pablito aunque te **llamen** Picasso.

> Un ojo tuerce pa' dentro y el otro pa' donde **quieras**.

¿Por qué crees que se utiliza en lugar del indicativo? Habla con tus compañeros y con tu profesor.

5 a. Fíjate en este verso: "Y cuando pinta un vaso, el agua la pone fuera". ¿Por qué se utiliza el pronombre de complemento directo **la** en esta frase?

b. ¿Puedes reescribir la frase sin que haya reduplicación del complemento directo?

....

c. Ahora, reescribe estas frases para que el complemento directo aparezca al principio de la frase.

En este mercado he comprado las tortillas mexicanas: *Las tortillas mexicanas las venden en este mercado.*

He olvidado los papeles en la oficina: ....

Me leí el libro de Arturo en el tren:...

Tenemos el examen final en junio:..

Compro siempre la ropa de mis hijos en las rebajas:.......................................

6 Por parejas, intentad reconstruir la vida de Picasso a partir de la información que ofrece la canción. Podéis luego comprobar y añadir información complementaria buscando en internet.

7 A continuación, buscad fotografías de cuadros de Picasso y algunas del pintor en distintas edades de su vida (no olvidéis la infancia). Seleccionadlas y haced un póster o un montaje audiovisual sobre la vida y obra de este pintor.

CLAVES PARA EL PROFESOR

Actividades comunicativas de la lengua	Comprensión auditiva, comprensión de lectura, interacción oral, expresión oral, expresión escrita.
Léxico	Los aumentativos, expresiones y frases hechas.
Funciones	Escribir la biografía de una persona, expresar matices afectivos con un adjetivo, enfatizar un elemento de una frase.
Gramática	Usos del subjuntivo en oraciones concesivas y relativas, reduplicación del complemento directo.
Conocimientos socioculturales	Picasso, el flamenco.

Nivel: B2

Duración aproximada: 2 horas

ANTES DE ESCUCHAR

Picasso, uno de los iconos del arte español, aparece aquí vinculado a una de las manifestaciones más conocidas de la cultura española, el flamenco. Hemos escogido un tema que si bien se basa en este género musical, lo combina con otros más accesibles para el público no familiarizado, como es el pop. Consideramos que esta canción puede ser así una buena puerta de entrada a ambos temas.

Como es habitual, las actividades de este apartado tienen como objetivo activar los conocimientos previos de los alumnos. La **actividad 1** se centra en el flamenco y la **actividad 2** en los pintores españoles y latinoamericanos. Con toda probabilidad sus alumnos nombrarán a Picasso en esta etapa. Si no fuera así, pregúnteles usted si lo conocen, pero no explique aún que la canción habla de él, ya que deberán ser ellos quienes se den cuenta de esto en la primera fase de la audición.

1 a. a.F, b. V, c. V, d. F. (puede ser alegre y triste), e. V, f. V, g. F.

2 Respuesta abierta.

MIENTRAS ESCUCHAS

PRIMERA AUDICIÓN

En esta fase del trabajo se propone una actividad de escucha global centrada en dos aspectos. En la **actividad 1** los alumnos deben simplemente intentar comprender a qué pintor está dedicada la canción. Puede sugerirles, si lo estima conveniente, que anoten las pistas que los ayudan a responder. En el apartado b se pregunta a los alumnos por su opinión sobre Picasso. Aproveche este momento para hablar con ellos sobre el pintor y para activar datos y vocabulario relacionados con su vida y obra. Estos les van a ser útiles más tarde para una comprensión detallada de la canción.

1 a. Pablo Ruiz Picasso.

b. Respuesta abierta.

SEGUNDA AUDICIÓN

En esta fase los alumnos trabajan con la primera parte de la canción (las cuatro primeras estrofas). Antes de volver a escuchar, se propone una actividad de comprensión de lectura para la que necesitan activar sus conocimientos textuales, su intuición rítmica, fijarse en la rima, etc. e intentar ordenar los versos de las estrofas. Es importante que en la puesta en común solo corrija aquellas respuestas que no son correctas gramatical o semánticamente, pero acepte aquellas que, si bien puedan diferir del orden propuesto en la canción, sean correctas. Después de la puesta en común, ponga de nuevo la canción y anime a sus alumnos a comprobar sus respuestas y a discutir sobre las posibles diferencias que encuentren.

1 Véase la letra de la canción.

TERCERA AUDICIÓN

En esta última fase se trabaja con el resto de estrofas. En cada una de ellas falta un verso. Anime a los alumnos a escuchar e intentar completar la letra individualmente, pero a comentar después sus respuestas con otro u otros compañeros antes de la puesta en común.

1 Véase la letra de la canción.

DESPUÉS DE ESCUCHAR

Es el momento de focalizar los aspectos léxicos, gramaticales y culturales que se derivan de la letra de la canción.
En la **actividad 1** se presentan varias expresiones y frases hechas que pueden suponer dificultad para los alumnos. Para facilitar su interpretación, se propone una actividad en la que los alumnos pueden relacionar las expresiones con su explicación. En la **actividad 2**, se sigue trabajando sobre el léxico, pero en este caso con unidades más amplias. Se propone un ejercicio en el que deben encontrar los veros que imcluyen una información o referencia cultural determinada. Se trata por lo tanto de un trabajo de interpretación algo más complejo que el anterior, que amplía aquel. Tenga en cuenta que al tratarse de una letra poética, un verso puede estar cargado con muchas referencias a la vez. Nosotros hemos escocigo una para simplificar, pero puede usted decidir si profundiza en el resto. De manera análoga, las ideas seleccionadas no se agotan en un solo verso sino que pueden estar expresadas de diferentes formas a lo largo de la canción. Por eso se propone el apartado b. Tenga en cuenta que algunas referencias pueden ser complejas o requerir un conocimiento sociocultural del que tal vez los alumnos no dispongan. Es el caso, por ejemplo, del verso "tú defiendes tu conciencia a brochazos tricolores", que hace referencia a los tres colores de la bandera republicana. En estos casos, no dude en facilitar todas las explicaciones que sean necesarias para que sus alumnos puedan comprender los versos de la canción. La **actividad 3** se centra en un trabajo léxico-gramatical, que es la formación de los aumentativos y los

diferentes usos que estos tienen. Puede aprovechar para hacer un repaso de los sufijos más importantes, así como de las diferentes funciones que cumplen. También será interesante que reflexionen sobre los mecanimos que se utilizan en su lengua para conseguir estos mismos efectos. La **actividad 4** se centra en algunos usos del subjuntivo, en concreto, en oraciones concesivas tras el nexo **aunque** y en relativas, en este caso tras el pronombre **donde**. La **actividad 5** es la última centrada en aspectos gramaticales, en este caso en la reduplicación del complemento directo, que suele presentar dificultades a los alumnos extranjeros incluso en los niveles altos. Se propone una actividad de reflexión sobre los casos en los que se usa y una práctica de reescritura de frases tematizando el complemento directo. Sería sin duda interesante llamar la atención de sus alumnos sobre los cambios en los matices de significado que se dan al reescribir las frases. Las dos últimas actividades se centran, como es habitual, en los contenidos socioculturales. La **actividad 6** propone a los alumnos que reconstruyan la vida de Picasso a partir de la información que contiene la canción, así como de una posible investigación en internet. La **actividad 7** complementa esta actividad proponiendo que cada pareja o grupo elabore un póster o una presentación audiovisual sobre el artista. Si lo considera adecuado, puede animar a sus alumnos a trabajar sobre una fase o un aspecto determinado de la vida y obra del pintor, de forma que entre todos realicen un retrato de este y no se repitan continuamente las mismas informaciones.

1 1.C, 2.D, 3.A, 4.E, 5.H, 6.B, 7.F, 8.G.

2 **a.** 1.D, 2.A, 3.B, 4.D, 5.C.

b. Respuesta abierta.

3 **a.** B

b. Brocha.

c. Un paso rápido con la brocha sobre el lienzo.

d. codazo: (de codo). Golpe que se da con el codo.
narizota: (de nariz). Persona que tiene la nariz muy grande.
pelotazo: (de pelota). Golpe que se da con una pelota.
hombretón: (de hombre). Hombre alto y, por lo general, bien parecido.
actorazo: (de actor). Actor muy bueno.
pisotón: (de pisada, pisar). Pisada fuerte sobre el pie de otra persona o sobre otra cosa.
abrazote: (de abrazo). Abrazo fuerte, con cariño.

e. Respuesta abierta.

4 El uso del subjuntivo en oraciones concesivas tras el nexo **aunque** indica que la información que se aporta es conocida o que se presupone. Su uso en oraciones de relativo aporta un valor de desconocimiento o inespecificidad.

5 **a.** Porque el complemento directo está tematizado, es decir, aparece al principio de la oración, normalmente para acentuar su importancia.

b. Cuando pinta un vaso pone fuera el agua.

c. Los papeles los he olvidado en la oficina. / El libro de Arturo me lo leí en el tren. El examen final lo tenemos en junio. / La ropa de mis hijos la compro siempre en las rebajas.

6 Respuesta abierta.

7 Respuesta abierta.

De Málaga, malagueñito

¡Ay!, Pablo Ruiz, qué travieso,
corazón de plastilina,
la vida te tira un beso,
la gracia te da propina.

Este niño, que es un caso,
apunta buenas maneras,
pero cuando pinta un vaso
el agua la pone fuera.

y sin ningún miramiento
ha retratado a su abuela,
un ojo tuerce pa' dentro
y el otro pa' donde quieras.

De Málaga, Málaga,
malagueñito,
tú nunca fuiste pobre
ni señorito.

El divino impertinente
se tutea con la gloria,
con su pincel insolente
se va escribiendo la historia.

De cuadro en cuadro, al asalto
saltabas como un chiquillo,
huracanes de cobalto,
temporales de amarillo

Y de la Ceca a la Meca,
de la locura a las damas,
¿Cuál de todas tus muñecas
puso color en tu cama?

De Málaga, Málaga
qué buena suerte
este torero, primo,*
pinta de muerte.

Cuando un perfume exquisito
a dólar y trementina
te viene abriendo las puertas
a medida que caminas

y el eco de tu presencia
se lo rifan los señores,
tú defiendes tu conciencia
a brochazos tricolores.

¡Ay!,Pablo Ruiz, niño chico,
recuérdalo por si acaso:
tú siempre serás Pablito
aunque te llamen Picasso.

De Málaga, Málaga
¡Ay! malagueño,
tú que lo tienes todo
no eres tu dueño.

De Málaga, Málaga,
Malagueñito,
tú nunca fuiste pobre
ni señorito.

*primo: vocativo muy utilizado por los gitanos que significa "amigo", "compañero".

LATINOAMÉRICA

Autor: René Pérez Joglar

País: Puerto Rico (Estados Unidos)

Año: 2010

Álbum: *Entren los que quieran*

Discográfica: Sony

Género: rap

Nivel: C1

Calle 13

Calle 13 es un grupo de música urbana de Puerto Rico formado por René Pérez Joglar, "Residente", cantante y compositor de las letras y la música, y Eduardo Cabra, "Visitante", su hermanastro y también compositor, que hace los coros y toca el piano, la guitarra eléctrica y otros instrumentos. En algunas de sus canciones los acompaña su hermana Ileana Cabra, apodada PG-13, como voz femenina. Calle 13 empezó su producción musical en 2005 con el álbum F.B.I. Desde entonces han ganado diez premios Grammy Latinos, el último en 2010 por la canción "Latinoamérica", en la que su autor ha querido hacer un homenaje a la cantautora argentina Mercedes Sosa, intérprete de la canción "Todas las voces" (un himno a toda Latinoamérica), que falleció en octubre de 2009. Es un grupo de rap, estilo que mezcla a menudo con merengue, cumbia y otras músicas populares del folclore latinoamericano. Sus letras son alegóricas, satíricas y líricas y a menudo con una gran carga de denuncia social.

El rap

Es la parte musical y recitada de un movimiento estético más amplio, el hip-hop (que engloba también el breakdance y los graffiti). Consiste en la recitación rítmica de rimas, juegos de palabras y poesía, acompañada de unas bases musicales rítmicas que se denominan "beat". El rap surge a finales del siglo xx en el Bronx neoyorquino, y su origen está en la música callejera de los grupos urbanos afroamericanos y latinoamericanos que improvisaban melodías y rimas, reciclando e inventando instrumentos musicales. Los cantantes de rap se denominan MC (*Master of Ceremonies*) y los músicos, DJ (*Disc Jockey*).

Muchos artistas de rap están comprometidos socialmente. Algunos raperos implicados en causas sociales que cantan en español son: Rebel Diaz (EE UU); Legua York (Chile); Flaco Flow & Melanina (Colombia); SFDK, El Chojín y Tote King, La Mala Rodríguez, Adriana Puello (España); Lengualerta y Boca Floja (México).

ANTES DE ESCUCHAR

1 Trabaja con un compañero. ¿Qué sabéis de Latinoamérica? Hablad y tomad notas sobre los diferentes aspectos:

geografía y clima   historia y política   economía   deporte

religión y tradiciones   arte, cine, literatura, música   gastronomía

2 Mira esta noticia de un periódico de Colombia.

a. Lee el titular y la cita del principio. ¿Sobre qué crees que trata?

....

b. Ahora lee el cuerpo de la noticia, subraya la información más importante y coméntala después con un compañero.

Cerca de 16.000 personas se dieron cita en el Congreso Nacional de Tierras que terminó ayer en Cali.

"La tierra no se vende: se libera, se defiende."

Bogotá. (Colombia) Reunidos en doscientas mesas de diálogo, los representantes de las comunidades indígenas, campesinas y afrodescendientes de la región de Cauca debatieron sobre temas como agua, economías campesinas y propias, guerra y conflicto, identidad y cultura, y desarrollo minero y energético.

Los temas que mayor interés provocaron fueron el uso del agua marina y fluvial, la propiedad de la tierra, el conflicto interno que sufre Colombia desde hace medio siglo y la explotación de recursos mineros y energéticos. (…) Las comunidades indígenas, campesinas y afrodescendientes afirmaron: "trabajaremos en la construcción de un nuevo modelo de gobierno con autoridad para reordenar la vida en nuestros territorios y así evitar el saqueo de nuestros recursos naturales y de nuestros saberes ancestrales".

c. **¿A qué crees que se refiere la frase** evitar el saqueo de nuestros recursos naturales? **Discute con el resto de la clase.**

MIENTRAS ESCUCHAS

PRIMERA AUDICIÓN

1 Lee estos versos de la canción que vas a escuchar, coméntalos con tu compañero e intenta imaginar a qué se refieren.

a. Nieve que maquilla mis montañas

b. La espina dorsal del planeta es mi cordillera

c. El desarrollo en carne viva

d. La fotografía de un desaparecido

e. Una canasta con frijoles

f. Un pueblo sin piernas pero que camina

g. El amor en los tiempos del cólera

h. Soy Maradona contra Inglaterra anotándote dos goles

i. El sol que me seca y una lluvia que me baña

j. Mano de obra campesina

k. Un cañaveral bajo el sol en Cuba

– Yo creo que la espina dorsal son los Andes.

– Sí, porque habla de "mi cordillera".

2 Escucha la primera parte de la canción y marca los versos que reconoces, numerándolos según el orden en el que aparecen.

SEGUNDA AUDICIÓN

1 a. ¿A quién crees que se refiere **tú** en este verso: Tú no puedes comprar el viento? ¿Cómo interpretas esta metáfora?

....

....

b. ¿Qué otras cosas crees que no puede comprar ese **tú**? Completa con tus hipótesis y luego comprueba escuchando el estribillo de la canción.

Tú no puedes comprar ....

Tú no puedes comprar ....

Tú no puedes comprar ....

Tú no puedes comprar ....

Tú no puedes comprar ....

TERCERA AUDICIÓN

1 a. Escucha la canción y completa los versos.

1

Tengo los lagos, tengo los ríos.
Tengo mis dientes ....
La nieve que maquilla mis montañas.
Tengo el sol ....
y la lluvia que me baña.

2

Un desierto embriagado con peyote,
un trago de pulque para cantar con los coyotes,
Todo lo que necesito.
Tengo a mis pulmones ....

3

La altura que sofoca.
Soy las muelas de mi boca mascando coca.
El otoño ....
Los versos escritos bajo la noche estrellada.

4

Una viña ....
Un cañaveral bajo el sol en Cuba.
Soy el mar Caribe que vigila las casitas
haciendo rituales ....

5

El viento ....
Soy todos los santos que cuelgan de mi cuello.
El jugo de mi lucha no es artificial
porque el abono de mi tierra

....

2 Escoge dos versos que te llamen la atención o te gusten especialmente y habla de ellos con tu compañero. ¿Los comprendes? ¿A qué se refieren? ¿Por qué los has escogido?

DESPUÉS DE ESCUCHAR

1 a. Lee la letra de la canción y busca tres sustantivos y tres verbos que conoces, tres que no conoces pero cuyo significado puedes inferir a partir del contexto, y tres que desconoces por completo. Haz lo mismo con una o dos expresiones o frases hechas.

Conozco	Infiero	No conozco

b. Compara tu lista con la de tu compañero. ¿Coincidís? Poned en común vuestras listas con el resto de la clase e intentad averiguar el significado de todas las palabras.

2 La letra de la canción está llena de referentes culturales. Busca en la letra versos que están relacionados con las siguientes referencias:

a. El Poema de Pablo Neruda "Puedo escribir los versos más tristes esta noche".

b. El mal de altura y la costumbre de masticar hojas de la planta de coca para sobrellevarlo.

c. Plan de coordinación de operaciones entre las cúpulas de los gobiernos dictatoriales del Cono Sur de América con la CIA de los EE UU que se llevó a cabo entre 1970 y 1980.

d. En los periodos de dictadura más de 20.000 personas fueron detenidas y asesinadas por motivos políticos y nunca se ha sabido dónde fueron enterradas, sus cuerpos no se han encontrado.

e. El título de una novela del escritor colombiano Gabriel García Márquez.

f. El ensayo *Las venas abiertas de América Latina*, del escritor uruguayo Eduardo Galeano.

g. La santería, un conjunto de sistemas religiosos surgidos del sincretismo entre creencias europeas y africanas que se practica en todo el Caribe.

h. La Guerra de las Malvinas entre Inglaterra y Argentina y uno de los grandes futbolistas de la historia de este último país.

3 a. Trabaja con un compañero para hacer el abecedario de Latinoamérica con una explicación para cada letra, por ejemplo:

A de Aconcagua, el pico más alto de los Andes.

B de bailes como el tango o la salsa.

b. Exponed los abecedarios en las paredes del aula o haced una
presentación digital para mostrársela a vuestros compañeros.

4 Vuelve a leer la noticia de la actividad 2 de la sección Antes de escuchar.
Piensa en un acontecimiento político importante que ha tenido lugar
en tu país y redacta una noticia en castellano.

5 En parejas, redactad una descripción poética de vuestro país siguiendo
este esquema:

Soy .... que ....

Tengo .... que ....

Tú no puedes comprar ....

....

....

....

....

....

....

6 Busca en internet la canción "Todas las Voces" de Mercedes Sosa. ¿Qué
similitudes encuentras entre ella y "Latinoamérica"? ¿Qué diferencias?

....

....

CLAVES PARA EL PROFESOR

Actividades comunicativas de la lengua	Comprensión auditiva, comprensión de lectura, interacción oral, expresión oral, expresión escrita, mediación, competencia literaria.
Léxico	Geografía, historia, economía, política, gastronomía, cultura, literatura.
Funciones	Describir metafóricamente un país, definir, comparar textos resaltando sus diferencias y semejanzas, hablar sobre hechos históricos o actuales.
Conocimientos socioculturales	El rap, el continente latinoamericano, algunos escritores latinoamericanos, Mercedes Sosa.

Nivel: C1

Duración aproximada: 3 horas

ANTES DE ESCUCHAR

Este rap es un canto de homenaje a Latinoamérica, como lo fue en su día la canción de Mercedes Sosa "Todas las voces". Si lo estima conveniente, puede comenzar la unidad con poemas dedicados a despertar la conciencia panamericana, como "Oda a Roosevelt "de Rubén Darío, "Cordillera" de Gabriela Mistral u "Oda a las Américas" de Pablo Neruda, o incluso el poemario *Canto General* de este mismo autor. Si bien la letra de la canción presenta cierta densidad léxica, la dificultad estriba sobre todo en las numerosas referencias culturales. Por esta razón, nuestra propuesta de trabajo se centra especialmente en estos aspectos.

Antes de escuchar se propone una actividad, la **actividad 1**, para activar los conocimientos generales de los alumnos sobre Latinoamérica. Puede dejar que todas las parejas hablen sobre todos los temas propuestos o repartir los temas por parejas. En la **actividad 2** se presenta una noticia relacionada con el tema de la canción: la explotación de los recursos naturales autóctonos por parte de potencias extranjeras. Aproveche para preguntar a sus alumnos por su opinión sobre la visión de América Latina como continente explotado y relacionar esta perspectiva con la de la canción.

1 Respuesta abierta.

2 **a.** La noticia habla sobre un congreso celebrado en Colombia para discutir problemas relacionados con la explotación de los recursos naturales.

b. Respuesta abierta.

c. Respuesta abierta.

MIENTRAS ESCUCHAS

PRIMERA AUDICIÓN

Para esta fase proponemos trabajar con la primera parte de la canción, hasta el estribillo. En la **actividad 1** los alumnos leen algunos versos de la canción y otros inventados, proponen posibles interpretaciones e intentan adentrarse en algunas referencias culturales. Se profundizará más adelante en esto y los alumnos podrán comprobar entonces sus hipótesis, así que no es necesario que dé las soluciones en esta fase. En la **actividad 2** escuchan la canción, marcan y numeran aquellos versos que aparecen en las estrofas previas al estribillo.

1 Respuesta abierta.

2 La espina dorsal del planeta es mi cordillera 7
El desarrollo en carne viva 3
La fotografía de un desaparecido 4
Una canasta con frijoles 5
Un pueblo sin piernas pero que camina 8
El amor en los tempos del cólera 2
Maradona contra Inglaterra 6
Mano de obra campesina 1

SEGUNDA AUDICIÓN

En esta fase se trabaja sobre el estribillo. En la **actividad 1** los alumnos reflexionan sobre la identidad de ese **tú** al que se dirige la canción. Las respuestas pueden ser muy variadas. Acéptelas si tienen sentido. Si ha presentado anteriormente la "Oda a Roosevelt" de Rubén Darío, dirigida al Presidente de los Estados Unidos, puede hacer ahora una referencia a ella, ya que resuena tras el estribillo. Si no lo ha hecho, puede ser este un buen momento. En el **apartado b**, los alumnos deben pensar en posibles formas de completar los versos del estribillo. Recuérdeles que se trata de una canción de tono reivindicativo e invítelos a ponerse en la piel de un latinoamericano para intentar tomar el punto de vista de ese continente.

1 Respuesta abierta.

TERCERA AUDICIÓN

Se trabaja ahora con el resto de la canción. En la **actividad 1** los alumnos deben completar los versos uniendo los enunciados de las dos columnas. Proponemos que los alumnos hagan un primer intento previo a la escucha y que usted ponga sus respuestas en común. Es importante que tenga en cuenta todas las posibilidades correctas desde el punto de vista semántico y gramatical, aunque no sean los versos de la canción. En la **actividad 2** los alumnos se detienen a leer la letra y escogen aquellos versos que por alguna razón les llaman la atención. De esta manera, en la puesta en común se trabajará de forma personalizada sobre el contenido de la canción y se resolverán muchas dudas de carácter léxico y sociocultural.

1 Respuesta abierta.

2 Véase la letra de la canción.

DESPUÉS DE ESCUCHAR

La **actividad 1** propone un trabajo estratégico sobre el léxico de la canción partiendo de los intereses de los alumnos. Es importante que estos decidan qué palabras o expresiones les parecen significativas y desean aprender, y que ejerciten –en este caso de forma explícita– sus estrategias de inferencia. Si lo considera conveniente, puede propiciar un breve intercambio oral sobre las estrategias empleadas por sus alumnos para deducir el significado de las palabras. La **actividad 2** se centra en las numerosas referencias culturales. Si bien ya se han abordado algunas anteriormente, se propone ahora un acercamiento pautado a algunas otras. Los alumnos deben encontrar en la letra aquellos versos que hacen referencia a los datos que se exponen en la actividad. Es posible que necesiten su ayuda. Si lo considera conveniente, puede proponerles que se repartan en pequeños grupos e investiguen en Internet sobre las referencias culturales de la actividad antes de solucionarla. Haga una puesta en común y promueva una discusión sobre los temas que surjan a partir de cada referencia. La **actividad 3** continúa con el trabajo de léxico y cultura a través de una propuesta para elaborar por parejas un abecedario de Latinoamérica partiendo de algunos rasgos característicos de la región. La **actividad 4** retoma la noticia de la sección **Antes de empezar** y propone a los alumnos tomarla como modelo para escribir la suya, en este caso sobre un hecho acontecido en su país. Si lo considera conveniente, puede proponerles que recurran a la mediación: pueden leer periódicos en su lengua, escoger una noticia interesante y redactarla en castellano. Es importante que enfatice que no se trata de traducir literalmente, sino de verter su contenido a la lengua meta. En la **actividad 5** se propone una nueva actividad de creación propia tomando como modelo una estrofa de la canción. Los alumnos deben pensar cómo adaptar los contenidos de esta a las características de su país. Por último, la **actividad 6** propone una comparación de la canción con "Todas las voces" para que los alumnos la reconozcan como modelo.

1 Respuesta abierta.

2 a) Los versos escritos bajo una noche estrellada.
b) La altura que sofoca. Soy las muelas de mi boca mascando coca.
c) La operación cóndor (invadiendo mi nido).
d) la fotografía de un desaparecido.
e) el amor en los tiempos del cólera.
f) La sangre dentro de tus venas.
g) Soy todos los santos que cuelgan de mi cuello. / Haciendo rituales con agua bendita.
h) Soy Maradona contra Inglaterra anotándote dos goles.

3 Respuesta abierta.

4 Respuesta abierta.

5 Respuesta abierta.

6 Respuesta abierta.

Latinoamérica

Soy, soy lo que dejaron,
soy toda la sobra de lo que se robaron.
Un pueblo escondido en la cima,
mi piel es de cuero; por eso aguanta cualquier clima.

Soy una fábrica de humo,
mano de obra campesina para tu consumo,
frente de frío en el medio del verano,
el amor en los tiempos del cólera, mi hermano.

El sol que nace y el día que muere
con los mejores atardeceres.
Soy el desarrollo en carne viva,
un discurso político sin saliva.

Las caras más bonitas que he conocido,
soy la fotografía de un desaparecido,
la sangre dentro de tus venas,
soy un pedazo de tierra que vale la pena.

Una canasta con frijoles,
soy Maradona contra Inglaterra anotándote dos goles.
Soy lo que sostiene mi bandera.
La espina dorsal del planeta es mi cordillera.

Soy lo que me enseñó mi padre:
el que no quiere a su patria no quiere a su madre.
Soy América latina,
un pueblo sin piernas pero que camina.

¡Oye!

Tú no puedes comprar el viento.
Tú no puedes comprar al sol.
Tú no puedes comprar la lluvia.
Tú no puedes comprar el calor.
Tú no puedes comprar las nubes.
Tú no puedes comprar los colores.
Tú no puedes comprar mi alegría.
Tú no puedes comprar mis dolores.

Tengo los lagos, tengo los ríos.
Tengo mis dientes *pa'* cuando me sonrío,
la nieve que maquilla mis montañas.

Tengo el sol que me seca y la lluvia que me baña.
Un desierto embriagado con peyote,
un trago de pulque para cantar con los coyotes,
todo lo que necesito.

Tengo a mis pulmones respirando azul clarito
la altura que sofoca.
Soy las muelas de mi boca mascando coca.
El otoño con sus hojas desmayadas,

los versos escritos bajo la noche estrellada.

Una viña repleta de uvas,
un cañaveral bajo el sol en Cuba.
Soy el mar Caribe que vigila las casitas
haciendo rituales de agua bendita.

El viento que peina mi cabello,
soy todos los santos que cuelgan de mi cuello.
El jugo de mi lucha no es artificial
porque el abono de mi tierra es natural.

(Estribillo)

Não se pode comprar o vento
Não se pode comprar o sol
Não se pode comprar chuva
Não se pode comprar o calor
Não se pode comprar as nuvens
Não se pode comprar as cores
Não se pode comprar minha alegria
Não se pode comprar minhas dores

No puedes comprar el sol.
No puedes comprar la lluvia.
Vamos caminando.
Vamos caminando.
Vamos dibujando el camino.
Vamos caminando.
No puedes comprar mi vida.
Mi tierra no se vende.

Trabajo bruto pero con orgullo.
Aquí se comparte, lo mío es tuyo.
Este pueblo no se ahoga con marullos
y si se derrumba yo lo reconstruyo.

Tampoco pestañeo cuando te miro
para que te recuerdes de mi apellido.
La operación cóndor invadiendo mi nido.
¡Perdono pero nunca olvido!

Vamos caminando.
Aquí se respira lucha.
Vamos caminando.
Yo canto porque se escucha.
Vamos caminando.
Vamos dibujando el camino.

Aquí estamos de pie.
¡Que viva la América!

No puedes comprar mi vida.